AF451282

ESCRITORES Y MARKETING

Roberto Augusto

ESCRITORES
Y MARKETING

Cómo vender más libros y
convertirte en un escritor de éxito

Primera edición: noviembre de 2021
Actualizado en abril de 2023
ISBN: 978-8419237569
Copyright © 2022 Roberto Augusto
Editado por Editorial Letra Minúscula
www.letraminuscula.com
contacto@letraminuscula.com

Si deseas que Editorial Letra Minúscula te
ayude a publicar tu libro, visita nuestra web:
www.letraminuscula.com

O mándanos un *email* a:
contacto@letraminuscula.com

Índice

Introducción..11

Ama el marketing..13

Por qué fracasan los escritores....................21

Marca personal 31

Cómo conseguir *superfans* 39

No hagas *spam*..47

Marketing de contenidos..............................57

Cómo crear contenidos para tus lectores 67

Cómo crear un blog de escritor 75

5 consejos para el lanzamiento de tu libro 81

YouTube..91

Lista de suscriptores......................................99

Influencers para escritores 109

Consejos de marketing 119

Marketing que no sirve 129

Introducción

¿Has publicado un libro, pero no se vende? ¿Has subido tu obra a Amazon con la ilusión de que llegará a muchas personas y no has vendido nada? Esto es algo normal que le pasa a la mayoría de los autores. No te preocupes, has encontrado el libro correcto que te va a ayudar a ser un autor *best seller*.

Después de publicar varios libros con éxito y ayudar a cientos de autores de todo el mundo a editar sus obras gracias a Editorial Letra Minúscula, he aprendido las técnicas necesarias para lograr que un libro se venda mucho.

Que tu libro sea un éxito o no es algo que se decide incluso antes de que escribas la primera línea. Muchos autores están obsesionados con vender su libro. Pero antes de pensar en vender algo debes centrarte en la calidad de lo que deseas vender. El mejor marketing es un buen producto. Si tu producto es extraordinario, no necesitas un gran marketing. Se venderá solo.

Cien años de soledad no necesitó una campaña en Facebook ni en Amazon. Es una obra tan extraordinaria que en cuanto fue conocida por unos pocos su fama se fue construyendo con el boca a boca. No quiero darte falsas esperanzas. Este tipo de casos son algo único. No debes nunca esperar que «la calidad» de tu obra se imponga.

Muchos autores que odian el marketing porque simplemente no saben cómo hacerlo se refugian en la excusa de que su obra es extraordinaria y si no triunfa es porque el mundo no sabe reconocer su increíble talento. Obras como *Cien años de soledad* hay muy, muy pocas. La mayoría de los libros simplemente son buenos o malos, pero no extraordinarios.

Quizá hayas escrito un libro bueno, pero no se vende. Puede que un libro malo sí se venda porque su autor hace un buen marketing. Todo eso no tiene nada que ver con «lo justo» o «lo injusto». Aquí no hay justicia, solo listas de ventas. Los libros, como cualquier obra de arte, pueden gustar o no. Lo bueno o lo malo es puramente subjetivo.

Sin embargo, sí se puede valorar la calidad de una edición y sí se pueden desarrollar estrategias de marketing que te ayuden a vender más libros. Eso es lo que voy a enseñarte.

He empleado personalmente casi todos los métodos que hay de marketing para escritores. He leído y experimentado mucho sobre el tema. Tengo los conocimientos y la experiencia necesaria para mostrarte las mejores estrategias que te ayudarán a convertirte en un escritor de éxito. Todo ese conocimiento acumulado durante años es lo que vas a encontrar en este libro.

Ama el marketing

«¡Odio el marketing!», «el marketing es una forma de manipulación», «yo soy escritor, no vendedor», «que se encarguen otros de vender mi libro, yo solo quiero escribir», piensan muchos escritores. Estas ideas limitantes no van a ayudarte. Tu libro es un producto comercial, algo que quieres vender a otras personas, y sin marketing no hay ventas.

Estos pensamientos se basan en una noción falsa de lo que es el marketing y, paradójicamente, de lo que es la propia literatura. Quienes la adoptan consideran que, en sí misma, la acción de vender es negativa y creen que el marketing es simplemente una forma de manipular, engañar y mentir a los demás con el único objetivo de ganar dinero.

Así, mientras las personas que administran negocios tienen una idea muy clara de lo que es vender y entienden que es un aspecto fundamental del trabajo que realizan, entre los escritores y artistas hay quienes se empeñan en apreciar esta acción como una especie de traición a valores que consideran esenciales, y son reacios a aceptar la mera idea de vender.

¿Qué tiene de malo vender algo?

En cierto modo, lo anterior supone ignorar las condiciones en las que se produce la literatura y minusvalorar el alcance social y humano que pueden llegar a tener las obras. En tal sentido hay que considerar lo siguiente:

a. **Escribir no es una tarea sencilla**: son muchas las horas de trabajo que hay que dedicarle a lo largo de un proceso que con frecuencia dura años de investigación, reflexión y escritura.

b. **Escribir significa invertir en ilusión:** como es normal, el escritor desea experimentar la satisfacción de que el trabajo realizado reciba el reconocimiento de los lectores.

c. **Para escribir se requieren unas buenas condiciones económicas:** salvo que se cuente con recursos suficientes a fin de cubrir sus necesidades básicas, normalmente el escritor necesita ingresos que garanticen las condiciones adecuadas para desarrollar su trabajo. De ahí que recibir una contraprestación económica por su labor, además de ser un acto de justicia, resulta también algo razonable que es necesario para la existencia de la propia literatura.

d. **Escribir supone influir en el mundo:** se escribe para comunicarse con los demás. En este sentido, el escritor debe ser consciente de que el resultado último de su esfuerzo se verifica en la lectura y en el efecto del texto en el lector. Más allá de sus contenidos específicos, este efecto es fundamentalmente positivo porque produce a quien lee un momento de distracción, o porque enriquece sus conocimientos y su comprensión de lo que lo rodea.

Es aquí donde se revela el rol decisivo del marketing dentro de los objetivos del escritor. Las estrategias de promoción dan a conocer el texto a sus potenciales lectores, quienes, a su vez, guiados por este conocimiento, se acercan al libro. De esta forma se generan las condiciones para que se produzca no solo un acto individual de lectura, sino también una multiplicación significativa del número de lectores.

Así, se puede afirmar que el marketing y las ventas no solo *no son malos,* sino que constituyen factores decisivos para que la literatura pueda cumplir las funciones trascendentales que la identifican.

El criterio de las ventas

Al desprecio del marketing con frecuencia lo acompaña el desprecio que algunos escritores y críticos manifiestan por la obra de colegas que han alcanzado el rango de *best sellers.*

Esta actitud no solo cuestiona la eventual alianza entre la producción de un libro y el empleo de recursos de promoción, sino que, además, descarta de plano el valor artístico de la obra debido a su posición destacada en el mercado. De esta manera, por el simple hecho de alcanzar un número importante de ejemplares vendidos, el libro se convierte en sospechoso de baja calidad, como si las ventas y el valor artístico fueran incompatibles.

Este tipo de argumentación, más que frágil, es absurda. En primer lugar, porque proliferan los ejemplos que indican lo contrario. *Best seller* fue el *Quijote* para los cánones de ventas de su tiempo; *best sellers* fueron también obras como las de Víctor Hugo, Balzac, Zola, Dostoyevski, Tolstói…, que convocaron en cada entrega multitudes de lectores deseosos de conocer las novedades de sus héroes; *best sellers* fueron también en su momento las creaciones de los autores que formaron parte del *boom* de la narrativa latinoamericana, quienes más allá de sus similitudes y sus grandes diferencias, desde *Rayuela* (1963) hasta *Cien años de soledad* (1967), se hicieron notar por un crecimiento significativo de las ventas.

En segundo lugar, la argumentación es absurda porque es sistemáticamente inconsistente. En tal sentido, es útil preguntar si el valor artístico de la obra es inversamente proporcional al número de ejemplares vendidos, qué ocurre si el planteamiento se formula en sentido contrario: ¿garantiza acaso la ausencia de promoción y de ventas la calidad de la obra? La respuesta solo puede ser rotunda: no, lo que sí garantiza es que pase completamente desapercibida.

Lo que indican las ventas
La debilidad de esta forma de argumentación se debe a que pretende conectar de modo directo aspectos

pertenecientes a órdenes distintos que, por tanto, funcionan de manera particular. Para entender esto quizá resulte útil distinguir la obra o texto literario del libro como objeto físico o virtual que la contiene.

Está claro que quien compra un libro lo hace para leer su contenido; sin embargo, la cantidad de ventas por sí misma no indica nada acerca de su calidad; a lo sumo, lo que muestra es que un número mayor o menor de personas lo ha comprado y, probablemente, leído. En tal sentido, resulta curioso que tanto quienes exaltan un libro por el hecho de tener un volumen significativo de ventas como quienes lo condenan por la misma razón operan con el mismo criterio y con los mismos procedimientos.

No obstante, aquí solo vale un principio: la calidad del libro depende de la experiencia que acompaña a su lectura y en esa experiencia se ponen en juego tanto los factores que corresponden al libro como todo aquello que conforma la subjetividad de sus lectores. Por esta razón, los juicios que estos formulan sobre él son necesariamente variados, contradictorios y no concluyentes.

De ahí que sea inútil, innecesario e imposible pretender establecer una condición definitiva de la calidad. En lugar de ello, es preferible que la gente lea lo que quiera y formule sus juicios y opiniones de acuerdo con sus criterios, sus experiencias y sus expectativas en el mundo.

Lo que los autores *best sellers* nos pueden enseñar

En vez de condenar a los autores de *best sellers*, es preferible adoptar una actitud abierta basada en la humildad y en el reconocimiento de que siempre tenemos mucho que aprender y de que hay mucho que estos autores nos pueden enseñar.

Respecto a esto, un buen ejemplo es Paulo Coelho. Se trata de un autor amado por mucha gente y con muchísimos seguidores y detractores. Durante su carrera como escritor ha vendido más de trescientos millones de libros (sí, has leído bien: ¡trescientos millones!). Es posible que se diga que Coelho es un mal autor, que no nos gusta, etc., pero no se puede negar su capacidad para vender libros haciendo uso de técnicas de marketing. Ha sido un personaje innovador en muchas cosas. En su momento tuvo una agencia literaria dedicada de forma exclusiva a la distribución de su obra y ha sabido vender su marca personal como nadie.

Su caso y el de otros escritores revelan que hay mucho que se puede y se debe aprender de los autores *best sellers*, tanto en lo que se refiere a sus técnicas de marketing como a su forma de escribir y a su capacidad para conectar con personas tan distintas desperdigadas por el mundo.

De manera particular, es conveniente entender dos cosas que son decisivas en todo esto:

1. Si un libro no tiene calidad, no hay marketing que sirva. En este campo se parte de la idea de que, si el producto es bueno, no hay necesidad de hacer una gran campaña para su promoción, de modo que el mejor marketing es un buen producto. Esto explica por qué libros como *Cien años de soledad* se venden solos, sin que se necesiten recursos sofisticados de ventas.

2. En la tarea de promoción, el autor debe cumplir un papel protagonista. Se afirma que el que hace el mejor marketing de la obra es el autor y esta afirmación tiene pleno sentido. Es él quien la ha escrito y la conoce mejor que nadie, y quien, por tanto, está en mejores condiciones para promocionarla. De modo que a él le corresponde la mayor responsabilidad en esta tarea. Por eso debe asumirla con plena consciencia de su relevancia en la andadura que el libro comienza, comprender el papel positivo que las estrategias de marketing pueden llegar a tener en su desarrollo como escritor y, sobre todo, entender que sin marketing no hay ventas ni lectura; en cambio, un buen libro con la ayuda del marketing puede llegar muy lejos.

No debes odiar el marketing, debes amarlo porque es el instrumento que necesitas para lograr que tu obra, que sin duda es valiosa y aporta algo original al mundo, llegue al mayor número posible de personas. Quiero acompañarte en ese camino, pero antes de embarcarnos en él debes desechar de tu mente ideas que no te ayudan en tu objetivo de ser un escritor de éxito.

Por qué fracasan los escritores

El mundo de hoy se mueve vertiginosamente, impulsado por los avances de la ciencia, la tecnología y las comunicaciones. En el ámbito del marketing, el progreso y el desarrollo influyen también de manera decidida, generando cambios que hace unos cuantos años eran inimaginables.

Muchos escritores (y también muchas empresas), sin embargo, al momento de ofrecer su obra parecen haberse quedado en tiempos pretéritos, cuando la fórmula para difundir un libro era tan simple como enviarla a una editorial y esperar que esta se encargara del resto. Es lo que podemos llamar «mentalidad analógica».

A los autores que han quedado atrapados en esa forma de pensar, les recordamos que estamos bajo el dominio de una era digital. Y esta era ha creado, al mismo tiempo, un nuevo tipo de consumidor, con otras necesidades y exigencias. Quien no comprenda y acepte esta realidad, difícilmente tendrá oportunidades de avanzar en la obtención de sus metas.

Trataremos aquí un tema muy interesante, que resultará útil tanto a escritores principiantes como a los que ya poseen publicaciones. ¿Por qué hay tantos autores que fracasan a la hora de consolidar su proyecto literario?

Hay tres factores que son determinantes y dan una respuesta precisa a esa pregunta:

- **No hay comunicación con el público.**
- **No hay generación de contenidos.**
- **No hay creación de la audiencia.**

El consumidor digital

Como explicábamos unas líneas atrás, el dominio de la era digital ha cambiado muchas cosas en las relaciones humanas. Anteriormente, los escritores confiaban sus libros a un embudo de ventas basado en la publicidad: tengo un producto (mi libro), pago publicidad, la gente ve la publicidad y compra mi obra. Ese embudo de ventas está totalmente desfasado del mundo actual. Simplemente no funciona. El mundo de las redes sociales, de YouTube y los sitios web ha creado un nuevo tipo de consumidor digital que no estará a nuestro alcance si no nos adaptamos a sus exigencias.

El contacto directo

Ahora pasamos a otro aspecto: no es suficiente el manejo de estas herramientas digitales. Este nuevo tipo de público (tus lectores) no se conforma con ver tu libro en alguna página web o red social. La gente quiere un acceso directo al autor, entrar en contacto con él.

Recuerda que las personas no están comprando solo un libro (un producto). Lo que compran es una marca personal. Es decir, la creación de un autor determinado. Por lo tanto, su aspiración es comunicarse con él.

Interactúa con tu público

Mantener una comunicación con tu audiencia es un aspecto imprescindible para posicionar tu libro. Hay muchos escritores que no le dan importancia a este asunto, argumentando diversas razones: les resulta fastidioso, consideran que es una pérdida de tiempo, etc.

También encontramos escritores que, por ejemplo, tienen un blog en el que no existe un correo electrónico, ni un formulario de contacto, ni ningún tipo de opción para que las personas que lo visiten puedan escribir. Todo esto solo lleva a fracasar en el proceso de vender tu obra.

Ten en cuenta que la audiencia digital es muy dinámica. No está allí solamente para ver lo que tú estás ofreciendo. Debes demostrarle que tus canales de comunicación no son solo un muro frío en el que cuelgas tus libros. Manifiesta tu intención de querer socializar.

La primera recomendación es, por consiguiente, que interactúes con tu audiencia. Es vital que mantengas un diálogo permanente con tus lectores. Responde a los comentarios que hagan en tus redes sociales, blogs y sitios web. Necesitas un formulario de contacto para tal propósito.

Es totalmente contradictorio que, en plena era de la interacción masiva entre personas, un escritor ignore a sus lectores. Por ejemplo, si has comenzado a hacer visible tu más reciente libro y un lector te escribe un correo para darte su opinión, debes responderle inmediatamente. De lo contrario, puedes estar perdiendo un potencial seguidor y comprador de toda tu obra.

Generación de contenidos

El otro gran error que cometen los escritores a la hora de vender su obra es que no crean contenidos de valor. Aquí vamos a detenernos un poco.

Puede ser que ya tengas tu sitio web, que tengas tu blog, tus redes sociales y lista de correos electrónicos, lo cual está muy bien. Sin embargo, esas herramientas no servirán de nada sin el sustento que las alimenta: los contenidos.

¿Qué es un contenido de valor?

Es una información elaborada en cierto formato (texto, imagen, audio o vídeo), destinada a ser transmitida por algún canal o canales específicos para una determinada audiencia.

Un contenido de valor es un segmento de comunicación que debe proporcionar beneficios a ese público. Es decir, se trata de información que a tus lectores les resultará valiosísima y de mucho provecho.

¿Cómo deben ser esos contenidos?

Para convertirse en contenidos de valor, esa información debe reunir unos requisitos fundamentales:

- **Ser concisos y claros** (nada de contenidos muy extensos y complejos).
- **Entretenidos.**
- **Didácticos.**
- **Originales** (nada de copiar otros contenidos).
- **Actualizados.**
- **Sin errores** (cuidar la redacción, la ortografía, el buen audio y la claridad de las imágenes).

Tus contenidos de valor deben ser de calidad para mantener la atención de tu público y estimular a tus lectores a seguirte, a permanecer a tu lado.

¿Qué contenidos puedes crear?

Aquí juega un papel cardinal tu creatividad como escritor, como artista. Algunos ejemplos pueden ser:

- Coloca fragmentos de tu más reciente libro para generar un debate.
- Cuenta brevemente anécdotas que te ocurrieron mientras escribías esa obra.
- Revela algunos secretos de tus personajes.
- Crea biografías de escritores y artistas universales.
- Crea una sección de preguntas y respuestas sobre temas de actualidad.

Estos son solo algunos ejemplos de qué contenidos crear. Lo importante es que sean de calidad y generen utilidad a tu audiencia. Es decir, que las personas se sientan identificadas con ellos.

Creación de la audiencia

Otra de las fallas que frecuentemente cometen muchos escritores es la inconsecuencia para construir su público lector. Esta es una tarea que lleva tiempo. No se crea una audiencia de la noche a la mañana, por arte de magia, dejando todo al azar y la buena fortuna.

Cimentar tu público requiere confianza, dedicación, perseverancia y creatividad. Es habitual encontrar muchos autores que abandonan el camino apenas lo inician, al ver la poca afluencia de visitas de lectores en sus redes sociales y sitios web.

Sí: construir una audiencia demanda un gran esfuerzo. Pero aporta un valor decisivo para catapultar tu obra literaria hacia el éxito.

Tómate tu tiempo para escuchar

Recuerda que interactuar con tu público es vital. Debes saber escuchar lo que las personas dicen, porque de allí obtendrás el abastecimiento principal para alimentar tus contenidos. La gente quiere expresarse, quiere manifestar sus inquietudes y aspiraciones en la vida, y necesita que la escuchen detenidamente.

Entonces tómate tu tiempo para escuchar. No menosprecies lo que tus lectores quieran comunicarte. Ese sería, sin duda, uno de los errores más graves que puedas cometer como escritor.

Algunos escritores y empresas desestiman este principio. Sin embargo, no saben que esta es una de las ventajas más concretas que los medios digitales ofrecen. Interactuar con tu audiencia te permitirá aprender qué piensan las personas, cuáles son sus inclinaciones y gustos literarios, sus tendencias.

Aprender de tu público te va a ayudar a crear contenidos.

Persevera, evalúa, corrige

Recuerda que el proceso de construir tu audiencia requiere trabajo. Debes supervisar constantemente para ver lo que está funcionando bien y lo que no está saliendo como debería. Eso te permitirá ajustar, reacomodar, reformar, replantear e incluso descartar acciones.

Hay redes sociales que permiten llevar las estadísticas de cómo va la interacción con tus lectores. Utiliza ese recurso para obtener información valiosa: las reacciones, las horas del día y los picos de atención de tu audiencia con respecto a tus contenidos.

Paulatinamente, vas a ir afinando la administración de tus perfiles y lograrás un acoplamiento perfecto con las necesidades de tu público. En la medida en que logres esa articulación, construirás exitosamente una comunidad digital en la que muchas personas se identificarán con tu obra literaria.

Como puedes ver, es un proceso que lleva tiempo. Aquí la clave es la perseverancia, el no rendirse antes de ver unos mínimos resultados. Te aseguramos que esa paciencia y tenacidad te conducirán a conseguir los objetivos que te has fijado.

Hemos visto por qué muchos escritores fracasan a la hora de promocionar su obra literaria. Esto es debido a la desinformación y la desactualización.

¿Qué queremos decir con esto? Que muchísimos escritores no manejan información sobre los procesos de marketing de contenidos, o simplemente no se han montado en el veloz tren de la era digital. La otra razón, y lo hemos mencionado en estas breves líneas, es la falta de constancia.

Te dejamos algunas sugerencias finales sobre este tema tan importante:

Busca establecer una conexión emocional

Todo lo que hagas para interactuar con tu audiencia debe estar enfocado siempre en crear un vínculo especial en el que el aspecto emocional (el contacto humano, la búsqueda de la sensibilidad y el estímulo de las sensaciones) sea determinante.

Crea tus propios contenidos

La originalidad es lo que más va a apreciar tu audiencia. Nunca olvides eso. La gente desea lo excepcional, no las imitaciones. Pon a trabajar tu creatividad.

Actualízate

Como dijimos al principio, el mundo avanza a pasos de velocista olímpico. No te quedes atrás. Acóplate a los avances permanentes de la tecnología y los procesos comunicacionales.

Persevera

No te desanimes cuando veas que las cosas no salen como pensabas. Construir un proyecto, un canal y un público requiere mucho esfuerzo. Pero ten la seguridad de que la constancia te conducirá al éxito.

Confía en ti

La confianza en lo que haces es tu mejor arma. Nunca dudes de tus capacidades, ni siquiera en los momentos más difíciles.

Marca personal

Hagamos un ejercicio imaginario. Supongamos que has escrito un libro, que está disponible al público y que has vendido algunos ejemplares. De pronto, por arte de magia, ese mismo libro aparece bajo la autoría de Stephen King. ¿Imaginas cómo se dispararían las ventas?

Bueno, cuando algo así ocurre es porque los lectores han salido a comprar la más reciente creación de un escritor de gran reconocimiento en el mundo novelístico. No se molestan en investigar sobre la trama o el argumento de esa obra. Han asumido que les gustará porque ya conocen al autor, están familiarizados con él.

Esto sucede también en el mundo empresarial. Una compañía lanza un nuevo producto y los consumidores se apresuran a adquirirlo, aun sin tener información sobre él. La cuestión es que conocen bien la marca. Eso es suficiente para querer tenerlo.

Es decir, las personas compran un sello distintivo, un nombre.

En este capítulo hablaremos justamente de este tema que muchos autores eluden o prefieren no tratar: la marca personal.

¿Qué es una marca?

Una marca no es, simplemente, la identificación de un producto o servicio. Es todo un conjunto de elementos (logotipos, nombres, signos, etc.) que caracterizan y personifican a un colectivo, organización o individualidad.

¿Qué es una marca personal?

Una marca personal es un concepto más complejo, pues no se trata solo de la caracterización de un producto. Hablamos aquí de una combinación de cualidades, rasgos y aptitudes que dejan una impresión en los consumidores (en nuestro caso, los lectores).

Todas las personas poseemos una marca. Si no somos celebridades, nuestra marca será conocida en un entorno limitado: familia, amigos, vecinos, compañeros de trabajo, etc.

¿Qué sucede si ahora eres una personalidad de las letras? ¿Tienes idea de la cantidad de personas a las que llegará tu nombre? ¿Cómo debe ser esa marca personal?

Marca personal para escritores

Sí, seguramente estarás pensando: «Yo no soy una empresa, no soy un vendedor. Soy un escritor, un intelectual». Como hemos visto en otros capítulos, el mundo ha cambiado. Recuerda que estás compitiendo en un océano de títulos y autores, en plena era digital. Si no destacas, no tendrás éxito.

Los autores tienden a pensar que lo único importante es el libro. ¡Por supuesto que el libro es lo fundamental! Sin embargo, tu obra no es exclusivamente lo que va a procurarte el éxito como escritor. Es necesario, partiendo de ella, construir una marca personal.

La idea no es hacer de ti un anuncio publicitario. Se trata de construir un nombre y un prestigio en el mundo literario. Se trata de tu historia, tu experiencia, tu estilo y tu influencia. Es como tu propio resplandor, que te hará distinto y que los lectores van a admirar.

No debe haber dudas al respecto: si quieres tener más lectores, publicar en editoriales reconocidas y vender más libros, debes construir una marca personal potente.

¿Cuáles son los tres aspectos que debes tener en cuenta para lograr ese objetivo?

Principios para construir tu marca personal de escritor

Como autor, tu marca personal está íntimamente ligada no solo a tu talento y a la excelencia de lo que escribes, sino a aspectos determinantes como tu imagen, las portadas de tus libros, tu página web o tu blog, tus contenidos, lo que la gente piensa de ti, etc.

Calidad de la obra

El primer elemento para construir tu marca personal como escritor es, sin duda, tu trabajo literario. Es decir, toda tu obra en conjunto, los libros que has escrito y, por consiguiente, el cúmulo de vivencias y aprendizajes adquiridos en ese camino.

Pero esa obra tiene que ser de calidad. Y por calidad no nos referimos solamente a las cualidades y atributos literarios en sí. Debes cuidar la presentación de tus libros. No tiene sentido hacer toda una campaña de marketing si, por ejemplo, tu más reciente novela está plagada de errores ortográficos.

Por consiguiente, tus publicaciones deben tener un acabado impecable. Recuerda que quieres conquistar a una audiencia sumergida en un mar de múltiples opciones. Es de esperar que la gente elija lo que ofrezca mayor calidad.

¿Qué significa esto? Que después de escribir un libro, de poner toda tu pasión y creatividad en él, debes cuidar su diseño, maquetación, portada (que tiene un rol importantísimo, muchas veces subestimado), edición, revisión y (muy importante) la corrección ortográfica.

En pocas palabras, debes garantizar una obra de gran calidad en todos sus aspectos.

Reconocimiento. Prueba social

El reconocimiento social es, decididamente, lo que determinará tu éxito como escritor. ¿De qué sirve escribir buenas historias si nadie las reconoce? Hay dos grupos de quienes esperamos ese beneplácito como escritores.

Está el primero, que es reducido y está conformado por especialistas: la crítica, los premios, otros escritores, etc. Es un reconocimiento importantísimo, porque habla de tu calidad literaria a través de las voces de los expertos.

Luego está el reconocimiento de la gente, de los lectores. Su principal característica es que se trata de una aprobación masiva, conectada principalmente con el ciberespacio y las redes sociales. Es decir, aquellos que te siguen como autor, lo cual se traduce en un reconocimiento a gran escala.

Recuerda que las personas siguen a quienes son seguidos por muchos otros. Somos muy influenciables por la prueba social. Si has vendido un millón de copias de tu más reciente obra, la gente dirá: «¡Este libro tiene que ser bueno!», y no solo querrá comprarlo, sino también recomendarlo.

El público

El otro factor determinante es el público. Puedes llegar a tener reconocimiento, pero si no tienes un público, es muy difícil construir una marca personal potente.

Se trata aquí de crear fuertes vínculos con tus lectores. Recuerda que construir una audiencia lleva tiempo, pero es algo esencial si quieres lograr tus objetivos como escritor de éxito.

El público actual es un consumidor activo, que quiere participar y conocerte personalmente. No te conformes solo con tenerlo allí como un receptor de tus contenidos. Debes interactuar con él permanentemente. Responde a sus inquietudes en las redes sociales, en tu blog.

No lo ignores, porque de él dependerá en gran medida tu marca personal como escritor.

Otros aspectos de importancia

Además de los principios que hemos visto en las líneas anteriores, hay otros aspectos que son imprescindibles y que debes tener presentes para construir tu marca personal de escritor.

Tipos de escritores

Es preciso tener bien claro que, para crear tu marca personal, debes poseer un sello propio que te diferencie de los otros autores. Por supuesto que esto no es fácil.

Además, ten en cuenta que hay dos tipos de escritores: del público y de la crítica.

Los primeros son aquellos que escriben para mucha gente, para un gran grupo de lectores. Sus obras pueden ser leídas por cualquier persona y su difusión suele ser muy amplia (justamente por el carácter masivo de sus ventas). Mencionemos nuevamente a Stephen King, esta vez como ejemplo de este tipo de escritores.

Los segundos son los que escriben para un grupo pequeño de lectores. Poseen una marca personal en círculos intelectuales. Es decir, su obra está hecha para una élite.

Es importante, para crear tu propia marca personal, definir para qué público quieres escribir. Eso te permitirá ir construyendo un estilo, una temática y unos valores a través de los cuales tus lectores te identificarán. En pocas palabras, irás construyendo tu nombre.

La percepción

Hay una relación muy estrecha entre la marca personal y cómo te percibe la gente. Por más que te esfuerces en demostrar que eres, por ejemplo, un excelente autor de libros de superación personal, no te servirá de nada si tus lectores te perciben como un individuo depresivo.

Seguramente estarás pensando: «La gente me percibe por lo que escribo, y punto». Y volvemos a lo mismo, a recordarte que esa era la forma de pensar en los «tiempos analógicos». Hoy estamos en otra era, con un dinamismo tan enérgico que deja varados en el camino a quienes no lo acepten.

No olvides nunca que hay un nuevo tipo de consumidores (lectores) exigiendo saber de ti. Si no saben de ti, difícilmente comprarán tus libros. ¡Quieren conocerte! Depende de ti que esa percepción esté en sintonía con tu obra.

Tu presencia digital

Tu nombre es una marca. Aunque a muchos no les guste y lo encuentren banal, significa que debes cuidar tu presencia digital: tu imagen. Debes preguntarte: «¿Qué encuentra la gente cuando busca mi nombre en Google?». Si no encuentran nada, vas mal. Pero si encuentran una marca no trabajada, sin calidad, ¡vas mal también! De modo que tu página, tus fotos, tu logotipo y tus contenidos deben ser de calidad. Tus redes sociales deben estar optimizadas y bien llevadas.

Tu imagen es lo primero que quieren ver quienes se asoman a la ventana virtual de tu sitio web, tu blog y tus redes sociales. Por lo tanto, debes darle la atención que merece. No lo dudes ni un momento: tu apariencia está fuertemente ligada a tu marca personal de escritor.

Ten paciencia

Una buena marca personal se construye con el tiempo. Para lograrlo, debes escribir muchos libros, consolidar un estilo, una temática, una imagen, una audiencia y un sello personal. Es un trabajo de años.

Así que no te desanimes en los comienzos de tu carrera como escritor. Siguiendo los consejos correctos, conseguirás posicionar tu nombre en el mundo de las letras. La paciencia aquí es imprescindible.

Cuida tu marca

No basta con crearla, con construirla. Debes trabajar en ella constantemente. Un buen marketing no da frutos si tu marca personal no está bien cuidada, si no la ajustas y actualizas cuando sea necesario.

Recuerda que tu marca es tu nombre, tu prestigio como escritor, y que hay una gran audiencia esperando por ti, por tus creaciones: lectores, críticos, editores, periodistas, etc. Así que nunca dejes de trabajar en ella. ¡No te escondas detrás del libro! ¡Crea una marca personal potente y tendrás éxito como escritor!

Cómo conseguir *superfans*

Las metas de todo aquel que aspire a desarrollar con éxito una carrera de escritor son dos: que sus libros se vendan, y que sean leídos por un significativo número de personas. En este capítulo te presento una serie de consideraciones sobre el *superfan*, una figura que puede llegar a ser más decisiva de lo que crees en la tarea de aumentar tus lectores y en la proyección y reconocimiento de tu obra.

¿Qué son los *superfans*?

Si deseas incrementar el número de lectores, consigue *superfans*. En nuestro caso, este término se refiere a aquellos lectores que manifiestan una particular devoción por nosotros y por lo que hacemos: nos siguen, consumen todo nuestro contenido y, además, nos recomiendan.

Un *superfan* de Editorial Letra Minúscula, por ejemplo, sería alguien que ha visto todos nuestros vídeos, se ha leído todas las entradas de nuestro blog, nos sigue en las redes sociales, ha leído mis libros, etc. Como puedes inferir, un *superfan* puede ser de gran ayuda en tu carrera como escritor.

Superfans y seguidores

La mayoría de los escritores y lectores piensa que es muy importante tener una gran cantidad de personas que los sigan; sin embargo, esto no es estrictamente así. Lo fundamental no es reunir una multitud de seguidores en las redes sociales, en YouTube o en cualquier otro lugar dentro o fuera de la red; lo decisivo es la interacción que llegues a establecer con ellos. Es preferible tener pocos seguidores muy activos que muchos inactivos.

Hay canales en YouTube con millones de suscriptores, y, sin embargo, sus vídeos son vistos por poquísima gente porque sus contenidos carecen de interés para su audiencia. En cambio, hay otros que, a pesar de ser seguidos por un número significativamente inferior de personas, reciben una gran cantidad de visualizaciones.

En el área de la escritura también se produce esta situación ilusoria y hay que ser cuidadosos para no caer en ella. No está del todo mal congregar una cantidad importante de personas que te lean, pues esto contribuye a darte cierto prestigio, pero tu meta ha de ser reunir lectores de calidad, lectores que no solamente lean tus libros, sino que, además, sean *superfans* de todo el contenido que generas.

Para que encuentres lectores que se transformen en tus *superfans* es necesario prestar una atención cuidadosa a los siguientes puntos:

El contenido que generes tiene que ser muy bueno

De no ser así, será inútil cualquier cosa que hagas. Por tu propia experiencia, debes saber que cuando decides ser *superfan* de alguien, lo haces porque el contenido que ofrece te parece de calidad y, especialmente, porque consideras que esa persona aporta un valor a tu vida. Por esta razón, para crear y mantener la relación con tus *superfans* es imprescindible que generes contenido de valor. Se puede decir que esta es una condición necesaria para que el pacto no escrito que te vincula con tus *superfans* se consolide y prolongue en el tiempo.

Sé accesible para tu audiencia

Evidentemente esta condición debe funcionar dentro de ciertos límites. No puede ser que un *fan* te llame a las tres de la mañana un viernes. Pero si tienes una web, un blog o un canal de YouTube, procura contestar siempre a las personas que te escriben.

Nosotros, en Editorial Letra Minúscula, intentamos responder a todos los mensajes que nos llegan por los medios a través de los cuales nos comunicamos con nuestra audiencia: YouTube, redes sociales, etc. Llevar adelante esta tarea no es nada fácil y por este motivo ha sido necesario dedicar tiempo y recursos a ello.

Cada día recibimos cientos de mensajes, correos y llamadas, y siempre estamos dispuestos a contestar a todas esas personas, porque cuando alguien decide dedicarte tiempo se hace merecedor de una respuesta.

Esto significa que es muy importante que seas accesible para tu público.

Recompensa a tus mejores seguidores

Gratifica a tus *superfans* de distintas maneras. Hay tres formas sencillas pero muy significativas que puedes emplear: ofrecerles descuentos, darles regalos y permitirles participar contigo en eventos especiales. Adicionalmente, puedes otorgarles algún premio particular para conseguir que se genere y consolide la relación.

Un modelo que te puede servir es el de las grandes estrellas de la música. Casi todas ellas tienen clubs de *fans* y las personas que gestionan esos clubs reciben con frecuencia regalos y entradas gratis para asistir a conciertos. Además de esto, pueden, incluso, tener a veces contactos cercanos con su ídolo.

En esos momentos tienen la posibilidad de hacer cosas que, en principio, no están al alcance de los seres humanos comunes y corrientes; por ejemplo, tomarse fotos o grabar vídeos junto a su ídolo o simplemente intercambiar algunas palabras. Esto genera en los *superfans* un sentimiento de distinción. Para ellos tales encuentros son muy importantes, pues los interpretan como indicadores de un acceso privilegiado al artista.

Esta cercanía constituye una buena manera de cultivar y consolidar la relación con los *superfans*. Pero si solo tienes un blog y careces de un *email* donde la gente te pueda escribir, y, aun teniéndolo, ni siquiera contestas los mensajes que te envían, no habrá diálogo ni relación con tu público y, por tanto, será imposible que llegues a tener *superfans*.

Humaniza tu marca

Por supuesto, si te siguen miles y miles de personas en las redes sociales, es muy difícil responder a todo lo que te envían, pero sí es posible que puedas mostrarte como alguien que inspira una sensación de cercanía y humanidad. Con ello evitarás tener el problema de muchas empresas que se muestran como entidades completamente deshumanizadas. No eres un robot ni un holograma: eres un ser humano de carne y hueso y te puedes equivocar.

Es verdad que, a veces, la gente es muy exigente y escribe comentarios en los que cuestiona lo que dices o lo que haces. En lugar de responder con desagrado a estos cuestionamientos, los debes aprovechar más bien para mostrar tu lado humano y hacerles saber a los demás que, efectivamente, cometes errores, tienes fallos y eres vulnerable e imperfecto. Esto revela que, si estas situaciones se manejan de forma inteligente, no pondrán en riesgo tu marca, sino que ayudarán a humanizarla.

Nosotros, en Editorial Letra Minúscula, intentamos humanizar nuestra marca adoptando una actitud abierta a la crítica y cultivando una relación honesta y fluida con todos los que se nos acercan. De esta manera, en lugar de mostrarnos como un holograma, preferimos que nos vean en nuestra condición de personas concretas, con sus defectos y sus virtudes.

Mantén una relación cercana con tu público

Es conveniente que intentes desarrollar una forma de relación cálida, próxima, real, humana y auténtica con tu público. Para lograr esto hay acciones simples, que no suponen un esfuerzo significativo y que pueden tener un excelente efecto dentro de la relación. Por ejemplo, puedes subir una foto o un vídeo improvisado a Instagram que vaya acompañado de un mensaje en el que digas algo similar a lo siguiente:

«Mira, estoy aquí, en este sitio. No tenía pensado subir nada, pero se me ha ocurrido algo que quizá pueda ayudaros...». Luego añades un mensaje con algo que interese a tu público.

El carácter informal de estas acciones crea y fortalece la conexión. Son cercanas, directas e improvisadas, y producirán en tus *fans* la sensación de que existe una conexión auténtica que borra las distancias entre ellos y tú. Esto las convierte en una buena manera de influir para que los *fans* se transformen en *superfans*.

Elige los recursos más eficientes

Es fundamental que tengas en cuenta que no todos los contenidos te pueden ayudar a consolidar esa relación, ni en la misma proporción ni de la misma manera. Está claro que con un simple texto escrito es mucho más difícil establecer sólidamente la vinculación emocional que tal relación requiere. En cambio, con medios como el vídeo o las fotos la conexión es más consistente.

A diferencia de un texto, tanto en los vídeos como en las fotos, los *fans* y *superfans* contemplan imágenes detalladas de sus ídolos, sea en reposo o en movimiento. Tales imágenes les permiten acceder a su faceta más personal y disponer de una información sobre ellos mucho más detallada que la que proyectan habitualmente en su vida pública.

A través de las imágenes generadas por ambos medios, se forman una idea más precisa de cómo se mueven, cómo hablan, cómo es su voz, es decir, de cómo son en su condición de seres humanos concretos. Es esto lo que crea un vínculo de largo alcance. Crear una conexión duradera exclusivamente a través de un texto escrito es algo muy difícil de lograr.

No te escondas detrás de tu libro

¿Quién es el autor que está detrás de la obra? A veces el escritor insiste en que él ya ha escrito el libro y se resiste a salir a promocionarlo porque esta tarea no le agrada o la considera innecesaria. De ningún modo esto debe ser así. Si quieres tener *superfans*, necesariamente debes salir al espacio público.

Si no lo haces, quienes conforman tu público potencial no podrán saber que existes ni conocer quién eres, y no habrá conexión con ellos. Tienes que dar un paso al frente y decir: «Mirad, aquí estoy. Este es el libro, pero el autor soy yo y aquí estoy. Soy un ser humano y quiero aportaros un valor a vuestra vida».

Consulta a tu público y haz que se implique

Haz preguntas a tu audiencia, haz encuestas, haz sorteos, haz que tus seguidores se impliquen en lo que haces. Si estás escribiendo un libro, diles: «Mirad, tengo cuatro propuestas de título y, para elegir uno, estoy haciendo una encuesta entre mis seguidores en Facebook. Por favor, decidme qué título os parece más interesante». O bien plantéales: «Estoy evaluando estas portadas para mi libro, ¿cuál os parece más atractiva?».

Pregunta a tus seguidores qué contenidos quieren leer. En Editorial Letra Minúscula, atendemos diariamente las preguntas que nos hacen en las redes sociales, con el fin de determinar los temas y las cuestiones que interesan a nuestra audiencia. Esto nos permite decidir con un alto grado de certeza los contenidos que vamos a crear, para que se correspondan con lo que el público necesita y nos está pidiendo.

Para alcanzar el éxito y vender tus libros necesitas tener *superfans*. Se ha dicho que basta con mil *superfans* para llegar muy lejos como escritor. En cualquier caso, es mejor tener mil *superfans* que cien mil seguidores de una red social que no te hagan caso y que, aunque te sigan, no interactúen contigo. Crea una audiencia; construye, cultiva y profundiza la relación con tu público de manera que llegues a tener muchos *superfans* que te ayuden en tu carrera como escritor.

No hagas *spam*

¿Qué sucede cuando entramos a un sitio en internet y nos encontramos con una gran cantidad de enlaces hacia páginas que no conocemos? ¿Te has preguntado si los usuarios realmente quieren que los estén saturando con información que no pidieron ver?

Muchas personas, aunque cueste creerlo, no entienden algo que es tan simple en un proceso comunicacional: el rechazo que producen los mensajes no deseados. Es muy común encontrar este tipo de información en los tiempos actuales, en los que existe una tendencia cada vez mayor hacia la autopromoción.

El afán de vender y el desconocimiento de los principios elementales del marketing conducen a la práctica errada y perjudicial de emitir mensajes que la gente simplemente no quiere recibir.

En esta ocasión queremos hablarte de una actividad muy dañina que muchos escritores realizan para promocionar sus libros: el *spam*, un ejercicio del que definitivamente debes distanciarte para alcanzar tus objetivos en el mundo literario.

¿Qué es el *spam*?

Se refiere a todos esos fastidiosos correos electrónicos, textos, audios y otros mensajes digitales que los cibernautas reciben a través de algún canal y que nunca solicitaron. En principio (y a mayor escala) se encuentran en los *emails*, donde existe una bandeja que los clasifica como «correo no deseado».

El término, como es sabido, tiene su origen en un vídeo para la televisión en 1970, en el que aparecía repetida la palabra Spam (nombre de un producto alimenticio enlatado) en todo el menú de un bar.

La broma tuvo una gran audiencia y desde entonces el término *spam* comenzó a usarse para referirse a algo repetitivo y desagradable.

¿Cuáles son las características principales del *spam*?
• Información no requerida

Es decir, los destinatarios o receptores nunca solicitaron el envío de los mensajes clasificados como *spam*. Por lo general, se trata de mensajes con fines publicitarios.

• Naturaleza masiva

El *spam* se refiere a cualquier información no deseada que se envía de forma masiva, es decir, a muchos destinatarios simultáneamente. Aquí es donde se apoyan los pocos defensores del *spam* para justificar su uso: cuantos más enlaces envías, más posibilidades de ventas tendrás.

- **Carácter aleatorio**

Los destinatarios son totalmente aleatorios (no son el producto de un trabajo previo de selección o construcción de público).

Hacer *spam* puede traer implicaciones nada favorables para tu proyecto como escritor. Lejos de ayudarte, te perjudicará notablemente.

El *spam* no aporta ningún valor

Pongamos el siguiente ejemplo. Has escrito una novela. Lógicamente, quieres venderla. En el grupo de Facebook en el que estás, comienzas a dejar enlaces para promocionar tu libro. ¿Qué valor recibirán estos destinatarios?

La respuesta es: ningún valor. Lo único que estás aportando a los integrantes del grupo es un anuncio, un aviso frío y sin contenido.

Es decir, estás queriendo llegar a mucha gente y te has olvidado de lo esencial: el valor que tienes como escritor y que tus lectores están esperando. Tus lectores no quieren que les digas: «Compra mi libro». Quieren que hables de tu novela, de por qué escogiste esa historia y de muchos aspectos valiosos sobre ese tema.

Pérdida de la confiabilidad

Las personas simplemente dejarán de creer en ti. Esa seguridad que pudiste haber construido en tus lectores se perderá inexorablemente.

Pérdida de tiempo

Esto no solo les ocurrirá a los receptores de los mensajes, sino a ti como emisor de estos. El tiempo que te tomas para el envío de la información lo puedes aprovechar para otras acciones más beneficiosas (por ejemplo, generar contenidos).

Deterioro de tu marca personal

Todo lo que hayas hecho para construir tu marca personal se irá por un despeñadero, pues tu imagen y tu nombre se verán sensiblemente afectados. Al generar malestar y desconfianza, tus lectores dejarán de seguirte.

Colócate del lado de tus lectores

Es momento de que te ubiques en el lugar de tu potencial audiencia: tus lectores. Piensa por unos instantes como si fueras un lector y hazte la pregunta: ¿comprarías un libro solo porque has visto en tu correo electrónico insistentes enlaces que lo promocionan?

Seguramente habrás respondido que no. Tal vez unos pocos compren tu libro. Pero la cantidad será tan pequeña comparada con el daño que le ocasionas a tu proyecto como escritor, que simplemente no vale la pena en absoluto.

No pongas en juego tu reputación

Algunas personas (y también empresas) consideran que el *spam*, por ser una forma económica, rápida y fácil de anunciar productos, promover servicios o hacer visible su marca, debe estar dentro de sus estrategias de marketing.

Es totalmente falso. Como ese escritor que quiere vender su más reciente obra, pregúntate qué es más importante: conseguir unos pocos compradores (a riesgo de generar el desprestigio de tu imagen) o trabajar en el fortalecimiento de tu marca personal (pensando en el futuro).

Poner en juego tu credibilidad como autor, tu reputación y todo lo que has venido construyendo es un grave error.

Lo que debes hacer para vender tu libro

Muchos autores son excelentes, escriben muy buenos libros, pero no saben de marketing. Y ese desconocimiento de sus principios elementales los conduce a cometer errores fatales. Uno de ellos, el *spam*.

Si la fórmula del *spam* para promocionar es «cantidad por encima de la calidad», la del buen marketing de contenidos para escritores es todo lo contrario: «calidad por encima de la cantidad». Nunca olvides esta premisa.

El otro principio que debes tener siempre presente para lograr posicionar bien tu libro es que los lectores siguen y compran a quienes les aportan valor. Es decir, a quienes les dan un significado y sentido en su vida.

Veamos ahora, partiendo de estos fundamentos, lo que debes hacer para vender tu libro y alejarte definitivamente de esa mala praxis del *spam*.

Plantea tu estrategia

Recuerda que el marketing es la suma de estrategias organizadas para posicionar y vender tu obra.

A su vez, la estrategia contiene un conjunto de acciones diseñadas en función de lograr los objetivos que ya debes haber definido. En este caso, se trata de plantear una estrategia para dar a conocer, por ejemplo, tu más reciente ensayo literario.

Aquí hay algo muy importante: esas acciones no son simples maniobras desordenadas, casuales y al azar (que son justamente las características del *spam*), sino que forman parte de un plan coordinado.

Por lo tanto, tu estrategia implica que debes invertir el tiempo necesario para estudiar y definir las líneas de acción a ejecutar. ¡No improvises!

Construir una audiencia

Este es, seguramente, el más importante de todos los principios del marketing de contenidos para escritores: tu público.

Quienes practican el *spam* aplican el principio opuesto: pretender la creación de una audiencia a partir del envío de cientos de mensajes, enlaces e información a personas con las que no han establecido ninguna relación. ¿En qué termina todo esto? En una reprobación general y tu rápido descenso hacia las listas negras del ciberespacio.

Todo lo contrario ocurre si tienes una comunidad de lectores con los que has creado un vínculo importante.

En ese caso, los enlaces que pongas serán bien recibidos y tu audiencia lo retribuirá de forma positiva.

Hay un principio básico en internet que nunca deberías olvidar: el principio de reciprocidad. Esto significa que el hecho de aportar mucho valor a tu audiencia es directamente proporcional a lo que recibirás de ella (tanto en cantidad como en calidad).

Crea contenidos de valor

Puedes tener un público bastante grande que has logrado construir con mucho esfuerzo. Ahora debes mantenerlo, alimentarlo, velar porque esa audiencia no pierda el interés por tu obra, por tu nombre.

Los contenidos son, justamente, ese sustento con el que debes nutrir a tus lectores. Recuerda que el proceso de marketing no termina con la consolidación de una audiencia. Hay que crear contenidos de valor permanentemente.

El *spam*, lejos de contribuir a que la gente obtenga información valiosa, ocasiona pérdida de tiempo y muchas molestias. Como hemos indicado unas líneas atrás, no aporta ningún valor.

En cambio, tus contenidos, en la medida en que sean entretenidos, sencillos, didácticos, que hablen de ti, de tu obra y de lo que las personas quieren saber, ayudarán al afianzamiento de tu credibilidad y confianza.

Interactúa con tu audiencia

El público de hoy es un público dinámico y exigente. No está en los medios digitales solamente para ver lo que ofreces. Se trata de una audiencia que quiere crear un vínculo duradero con las personas a quienes siguen y que les aportan valor.

De modo que debes socializar e interactuar con tus lectores, establecer un diálogo permanente, responder a sus inquietudes y comentar sus observaciones y contribuciones. No te quedes allí simplemente como un retrato virtual sin alma.

Un repaso final

Ya lo sabes: hacer *spam*, además de resultar inútil para vender tu libro, es altamente tóxico para tu marca personal de escritor. Si lo que estás queriendo entregar es contenido engañoso, de muy baja calidad y sin haber creado un vínculo importante con tu público, lo que recibirás será igual de negativo.

Puedes poner enlaces a tus obras, claro que sí. Pero solo cuando tengas una audiencia que tú creaste, a la que has dedicado tiempo productivo y entregado contenido de valor. Solo así podrás informar a tus lectores que has sacado un libro y seguramente despertarás un gran interés en ellos.

El libro por sí solo no se va a vender, por muy bueno que sea. Debes crear mucho contenido de valor y abrir los medios necesarios, los canales y las herramientas (un canal de YouTube, un blog, un *podcast*, un grupo en Facebook, etc.).

Pero recuerda: esos canales son para intercambiar valor y para aportar contenido de calidad. ¡No son para colgar enlaces y marcharte! Y nunca olvides esto: ¡a medida que construyes tu audiencia, te alejas del *spam*!

Marketing de contenidos

En este capítulo hablaremos de la estrategia más poderosa que existe para hacer visible tu obra. Nos referimos al marketing de contenidos.

Marketing de contenidos vs marketing de pago

Hay muchos autores que, con el propósito de dar a conocer su trabajo literario, utilizan una estrategia que considero equivocada: el marketing de pago. Es decir, contratan publicidad en medios de comunicación, redes sociales, páginas web, etc.

Tales acciones pueden generar algunas ventas de tu libro. Sin embargo, es una estrategia muy difícil de sostener a largo plazo. ¿Por qué? Por los costos elevados de mantener la publicidad durante un periodo extenso.

En cambio, el marketing de contenidos puede sostenerse en el tiempo, siempre y cuando la información con la que se sustenta sea de calidad y se utilicen los canales apropiados para propagarla.

Aquí veremos algunos consejos sobre cómo crear una estrategia de marketing de contenidos y que contenidos debes generar para mantener posicionada tu obra.

Definiendo el marketing

Sin pretensiones de profundizar en el término, podemos definir el marketing como la suma de estrategias organizadas para posicionar y aumentar las ventas de un producto en un mercado específico.

Como puedes ver, hay una palabra que es determinante y encontrarás con frecuencia en estas líneas: estrategia.

¿Qué es una estrategia?

La estrategia es un plan, un conjunto de acciones diseñadas y delineadas para lograr unos objetivos determinados. En este caso, se trata de definir una estrategia para dar a conocer tu obra.

Esas actividades no son simples iniciativas desordenadas y eventuales, sino que forman parte de un plan coordinado. Por lo tanto, toda estrategia implica una inversión de tiempo importante para investigar, analizar y definir las líneas de acción a ejecutar.

¿Qué es un contenido?

Un contenido es una información elaborada en un formato determinado (texto, vídeo, audio o imagen), que se transmite a través de distintos canales de comunicación para un propósito establecido.

Principios del marketing de contenidos

Hemos visto que el marketing de contenidos debe ser, a nuestro juicio, la estrategia que más te conviene para promocionar tu trabajo literario.

Veamos ahora dos aspectos que son claves en ese proceso.

Visibilidad

Hacerte visible ante tu público es prioritario. Nadie compra lo que no conoce. Para admirar tu trabajo literario las personas deben saber que existe. Es decir, primero que nada, deben visualizarlo. Sin este primer elemento, el resto del proceso no funciona.

Confianza

Aquí nos referimos a la relación que generas con tu público lector. Es otro de los factores esenciales, fundamentado en la franqueza y la sencillez. Ser honesto y transparente con tus lectores son las claves para cimentar ese vínculo. Una vez creada la confianza, será mucho más fácil traducir esos contenidos en potenciales ventas de tu obra.

Tomando en cuenta estos dos aspectos fundamentales, pasamos ahora a describir las acciones que debes poner en práctica para desarrollar tu estrategia de marketing de contenidos.

Herramientas para el marketing de contenidos

Por supuesto, está de más decir que internet representa tu principal aliado. Todas tus acciones van a girar alrededor de este recurso, imprescindible para ejecutar la estrategia que ya has trazado.

Veamos entonces cuáles son esas herramientas (formatos y canales de comunicación) para poner en marcha tu marketing de contenidos.

1. Contenido en vídeo

Es el contenido más interesante que puedes generar. También es el más difícil de lograr, ya que necesitas un conjunto de herramientas que van desde dispositivos (una buena cámara, equipo de iluminación, etc.) hasta programas y manejo de técnicas para una buena edición.

Es decir, el vídeo implica una mayor inversión y esfuerzo al principio. Es más difícil hacer un buen vídeo que escribir una entrada para un blog. Sin embargo, este contenido tiene enormes ventajas a la hora de cautivar a tu audiencia.

¿Cuáles son las virtudes del vídeo?

En primer lugar, está el tipo de vínculo que genera. El vídeo puede lograr una conexión emocional con tus lectores porque humaniza al autor, le otorga los atributos que en otro tipo de contenidos es muy difícil lograr. No es lo mismo, por ejemplo, leer un texto sobre un escritor en algún blog o página web, que ver su imagen, escuchar su tono de voz, observar su mirada, sus gestos y movimientos. Con el contenido audiovisual se establecen lazos más fuertes.

Por consiguiente, aconsejamos (como primera opción) crear contenidos en vídeo.

Plataformas para subir tus vídeos
YouTube

Hay muchas plataformas en las que puedes hacer visibles tus contenidos audiovisuales. La más conocida y mejor es YouTube. Allí puedes subir los vídeos de mayor calidad y extensión. En este caso, necesitarás los recursos técnicos que hemos mencionado.

Sin embargo, hay otras opciones. Recuerda que, si tu contenido es bueno, la gente lo va a hacer suyo y también lo difundirá.

Instagram

Esta red social, además de publicar imágenes y texto, ofrece la posibilidad de subir contenido en vídeo de una extensión considerable. A través de su aplicación IGTV, puedes enviar vídeos.

Facebook

Hay una tendencia muy fuerte ahora, que es el vídeo nativo en redes sociales. Específicamente, en Facebook. Esta plataforma está apostando cada vez más por el contenido audiovisual, otorgando mucha visibilidad a los vídeos que se suben directamente a ella.

2. *Podcast*

Hablemos ahora de un formato que cada vez toma mayor importancia a la hora de comunicar. Nos estamos refiriendo al audio, al *podcast*.

Ventajas del *podcast*

El audio tiene la ventaja de ser una herramienta «multitarea», es decir, que nos permite su «consumo» mientras estamos haciendo otras actividades. Por ejemplo, puedes escuchar un audio mientras te ejercitas, mientras estás cocinando o haciendo labores domésticas, mientras esperas el tren, etc.

Un *podcast* es como un programa de radio, con la diferencia de que su contenido es bajo demanda. Quiere decir que el oyente puede escucharlo cuando lo desee.

Además, tus lectores pueden escuchar los contenidos que tú generes directamente en internet, o descargarlos en el dispositivo de su preferencia (teléfono, iPod, tableta, etc.).

Otra ventaja del *podcast* es la facilidad con la que puedes crear contenidos. Por ejemplo, puedes tomar tu teléfono móvil y, con la aplicación para grabar sonidos, crear un audio con tu voz y generar un *podcast* que luego subas a una plataforma (como iVoox, por ejemplo).

3. El blog

El blog es una herramienta muy útil para crear y difundir contenidos. Dada su naturaleza de tratamiento de temas específicos (en este caso, la literatura) y su carácter cronológico inverso, sin duda se nos presenta como un recurso importantísimo para llevar a cabo tu estrategia de marketing.

Sin embargo, para que un blog funcione correctamente, debes actualizarlo con regularidad. Eso requiere dedicación, trabajo de investigación, mantenimiento, entre otros factores. De modo que, si decides crear un blog para tu marketing de contenidos, ten presente esto. Abrir un blog para luego dejarlo en el limbo será contraproducente para tu prestigio como autor.

Multiplica tu contenido

Una acción que resulta bastante útil e interesante es dividir, multiplicar y reciclar tu contenido. No es otra cosa que tomar un contenido que has hecho para una plataforma específica y extraer de él material que puedes utilizar para subirlo a otras más.

Por ejemplo, supongamos que tienes un vídeo que has subido a YouTube. Ese mismo vídeo lo puedes subir a Facebook y a IGTV y extraer uno más corto (de 60 segundos) para publicar en Instagram.

Pero de ese vídeo también puedes generar un audio que utilices en un *podcast*. Igualmente, puedes tomar las imágenes y compartirlas en tus redes sociales.

También puedes tomar contenido antiguo (publicado unos meses atrás) y actualizarlo, ajustarlo y reformarlo para volver a publicarlo.

Es decir, se trata de crear más contenidos a partir de una pieza básica.

Los contenidos en tu estrategia de marketing

Para sostener las ventas de tu libro en el tiempo es imprescindible que construyas un público. Pero un público, por muy grande que sea, no perdurará si no lo alimentas, si no le das sustento. Los contenidos son ese sustento con el que deberás nutrir a tu audiencia para que se mantenga siempre atraída hacia ti y tu obra.

Un error habitual (y muy grave) en muchos escritores es que no crean contenidos. Una vez publicado el libro, dejan de seducir a sus lectores, pensando equivocadamente que el proceso de marketing acaba allí.

Vamos a hablar ahora de la calidad de tus contenidos. Nos referimos al «qué decir» y al «cómo decirlo».

El «qué decir»

Para hacer visible tu obra literaria, evidentemente debes hablar de ella. Si, por ejemplo, vas a promocionar tu más reciente libro (supongamos que sea una novela), habla sobre ella, sobre lo que te llevó a escribirla y cómo fue el trabajo creativo, sin revelar muchos detalles para dejar lugar al misterio.

Además, recuerda que la estrategia de marketing no se detiene en un libro. Tú quieres ser un escritor exitoso, por lo tanto, debes escribir muchos libros. Entonces necesitas ser visibilizado permanentemente.

Esto significa que debes crear contenidos que hablen de ti, de tu vida, de tus ideas y puntos de vista. Y también de tu obra, de tus novelas, relatos, de cómo fueron los procesos para escribirlos, cómo se te ocurrieron algunas ideas, algunos personajes. Todo eso es contenido valioso que puedes aportar a tus lectores.

Puedes crear contenidos a partir de fragmentos de tus libros, o de obras de otros autores con las que puedas establecer una conexión con la tuya. Frases, párrafos y líneas que sean atractivas y generen movimiento en tu audiencia.

No olvides que tienes muchas cosas valiosas para compartir y que hay un público esperando por ellas.

El «cómo decirlo»

Los contenidos deben ser interesantes, entretenidos, variados, didácticos, concretos, sencillos e ilustrativos. La gente entra en las redes buscando información concisa y clara (y huye de los contenidos extensos, pesados y complejos). Si tus contenidos reúnen esas características, seguramente tendrás éxito en lograr su expansión.

Tiempo y constancia

La generación de contenidos no es un proceso que se consolida de la noche a la mañana. Requiere dedicación, paciencia, tenacidad y confianza (creer en lo que haces). Muchas personas desisten si ven que no alcanzan los objetivos en poco tiempo.

Un canal de contenido valioso se construye con años de constancia. Como todo proyecto, los inicios son difíciles y seguramente no tendrás la audiencia con la que sueñas. Pero luego esa perseverancia dará sus frutos.

Superar el miedo

Tienes una información que es útil y valiosa para las personas que te siguen. La confianza en lo que haces es importantísima. Si subestimas tus capacidades, tu talento y todos los contenidos que tienes para compartir, simplemente nunca alcanzarás tus objetivos como escritor de éxito.

El temor a hacerte público, a la reacción de la gente, a los comentarios negativos e incluso hostiles, tiene un efecto paralizante que te impedirá llevar a cabo tu estrategia de marketing.

Como escritor, tienes una historia que contar, tienes conocimientos importantes para compartir, contenidos valiosos que aportar al mundo. Por lo tanto, lo mejor es que esos aportes lleguen al mayor número posible de personas. En la medida en que eso sea así, también será mejor para ti y para tu obra.

Y podrás lograrlo, indudablemente, siguiendo estas recomendaciones.

Cómo crear contenidos para tus lectores

En capítulos anteriores hemos señalado al marketing de contenidos como la estrategia principal que debes llevar a cabo para promover tu trabajo literario.

Siempre y cuando la información sea de calidad y se utilicen los canales y herramientas apropiados, el marketing de contenidos se sostendrá en el tiempo y permitirá el logro de tus objetivos.

Es la mejor manera de crear un público a largo plazo, basándose en la creación de contenido de valor. Pero es una estrategia que requiere mucha dedicación y tiempo para investigar, analizar y definir las líneas de acción a ejecutar.

Pues bien, en este capítulo te mostraremos cómo crear esos contenidos con los que podrás construir y sostener a tu audiencia.

El libro no es suficiente

Muchos autores sostienen que solo con el libro tienen el contenido necesario para consolidar su proyecto como escritor. Nada más errado.

El libro, por supuesto, es lo fundamental. Pero por sí solo no basta para promocionar tu nombre y tu obra en general. Para eso debes construir una audiencia y eso no lo conseguirás únicamente con el libro.

Recuerda que una audiencia sólida se forja a través de generar contenidos de valor. ¿Tú crees que conseguirás muchos seguidores en YouTube y en las redes sociales solamente mostrando los libros que has escrito? La respuesta es: no.

El contenido es la base de todo

Ya sabes que el marketing de contenidos es tu estrategia. Si tienes esto bien claro, vamos a entrar en materia. ¿Cómo crear contenidos para tus lectores?

Cuando decimos que los contenidos son la base de todo, no exageramos.

Tú puedes tener los canales digitales bien actualizados y dinamizados (tu blog, tus redes sociales, tus cuentas de Instagram y Facebook, tu canal de YouTube). Pero ¿de qué te sirven si no hay contenidos para sustentar a tu audiencia?

Debes establecer un vínculo con tu público y esa relación solo la consolidas cuando generas y aportas contenidos de valor.

Definiendo el contenido

Hemos definido un contenido como la información elaborada en un formato determinado (texto, vídeo, audio o imagen) que se transmite a través de distintos canales de comunicación para un propósito establecido.

Seguramente te estarás diciendo: «Todo esto está muy bien, pero ¿qué contenido puedo crear para mi público?». Eso es, justamente, lo que vamos a explicarte en las siguientes líneas.

¿Qué contenido crear?

Nos referimos al «qué decir». Veamos cuáles pueden ser esos contenidos de relevancia para tu audiencia:

Tu más reciente libro

Evidentemente, debes hablar de tu obra literaria.

A los autores de no ficción esto no les resulta tan complicado. Por lo general, la temática que abordan está bien documentada en internet y es fácil encontrar información.

Por ejemplo, supongamos que tu libro se llama *Cómo educar a tu perro*. Puedes hacer un vídeo o un *podcast* sobre los perros, las maneras de educarlos y otros aspectos relacionados. Si necesitas ideas para abordar el tema, recurre a Google o a YouTube y encontrarás miles de entradas y vídeos que te serán de utilidad.

Si eres un escritor de ficción, es comprensible que sea más complejo el proceso de crear contenidos.

Sin embargo, imaginemos que has escrito una novela histórica sobre los templarios. ¿Cuánto contenido se puede crear sobre templarios? Muchísimo:

sus orígenes, sus secretos, su decadencia, qué películas se han hecho sobre templarios, qué libros se han escrito, etc.

Puedes hacer un audiovisual corto para hablar del tema en tu canal de YouTube o un *podcast* con una reseña de tu libro.

Supongamos ahora que tu nueva obra es una novela psicológica, un *thriller* sobre un asesino. ¿Qué contenidos puedes aportar a tu público? Describe cómo fue el proceso creativo, habla sobre tu personaje y cómo lo fuiste construyendo.

Reseña tu obra

Recuerda que la estrategia no se detiene en un libro. Debes escribir muchos libros si quieres ser un escritor exitoso porque necesitas visibilidad constantemente.

En ese sentido, debes crear contenidos que hablen de ti, de tu vida, de tus pensamientos y tu visión del mundo.

Puedes hacerlo a través de historias que cuenten quiénes son tus autores favoritos, cuáles son las nuevas tendencias en el género de tu preferencia, cómo es tu rutina cuando escribes, cómo te documentas antes de comenzar a trabajar en una obra, qué anécdotas y vivencias influyeron en tu decisión de ser escritor, etc.

Habla también de tu obra: tu género, tu estilo, tu estética, de cómo se te ocurrieron algunas ideas y algunos personajes.

Todo eso es contenido valioso que puedes aportar a tus lectores.

Reseña obras de otros autores

Puedes crear contenidos a partir de fragmentos de libros de otros autores. Utiliza extractos de obras literarias que generen interés en tu audiencia. Pueden ser análisis, reseñas o simples lecturas.

Crea historias por capítulos

Puedes subir capítulos semanales de un relato o ensayo escrito por ti especialmente para tu audiencia. Tus lectores apreciarán ese gesto, se sentirán privilegiados al ser los primeros en leer tu obra inédita.

Haz listas *top*

Regularmente puedes crear listas del tipo *top ten* con los mejores libros, los mejores autores, los mejores cuentos, etc., e invitar a tus lectores a opinar y proponer sus propias listas. Este tipo de contenidos se hace viral con mucha facilidad, porque a las personas les gusta participar y emitir sus propios juicios.

Involucra a tus lectores

Tu audiencia puede ayudarte también a crear contenidos. Estimula su participación, de forma tal que sus comentarios e ideas te den indicios sobre lo que quieren tus seguidores.

Crea secciones como «Lo que estás leyendo hoy» (en la que tu público recomiende títulos y en la que fluya el intercambio de impresiones) o «Escribe tú el final» (en la que entregas una historia inconclusa a tus lectores para que ellos inventen un final).

¿Cómo deben ser los contenidos?

No se trata solo del «qué decir» para cautivar a tu público. Puedes tener una gran claridad en cuanto a la información que quieres entregar a tus lectores. Pero si no la elaboras y transmites adecuadamente, todos los esfuerzos pueden perderse.

Los contenidos deben ser:

Originales

Nada de calcar estilos ni temas. Recuerda que estás construyendo tu marca personal y no te conviene copiar expresiones, cualidades o peculiaridades de otros autores. Sé tú mismo, confecciona tu nombre y tu sello propios.

¡Pon en práctica tu creatividad como escritor!

Entretenidos

No subas contenidos que aburran a tu audiencia. Entendemos que este es un tema de mucha subjetividad, pero debes enfocarte en temas que resulten amenos e interesantes de forma objetiva.

Por ejemplo: tienes un relato de Charles Dickens y un poema trovadoresco del siglo XII. ¿Cuál texto elegir para una reseña? ¡Ambos tienen un valor extraordinario! Pero la poesía trovadoresca es seguida por un segmento reducido de lectores.

Por consiguiente, si quieres abarcar más audiencia, debes decidirte por reseñar el cuento de Dickens.

Variados

Tus contenidos no deben ser monótonos ni repetitivos, porque tu audiencia lo notará rápidamente y se cansará de ellos. Para eso debes trabajar con muchos géneros, autores y estilos. Recuerda que la literatura da para hablar de todo: cine, música, pintura, psicología, arte, etc.

Puedes hacer, por ejemplo, un vídeo sobre películas basadas en cuentos de autores famosos, o un *podcast* en el que hables de pintores que también escriben poesía.

Didácticos

Tus contenidos, definitivamente, deben dejar una enseñanza para que los lectores encuentren respuestas a sus inquietudes y se identifiquen plenamente.

Sencillos y concretos

Esto es esencial. La gente entra en las redes buscando información concisa y clara, huyendo de los contenidos extensos, pesados y complejos.

Si tus contenidos reúnen esas características, seguramente tendrás éxito en lograr su difusión.

La dedicación: tu mejor aliada

Si tu meta es convertirte en un escritor de éxito, debes generar contenidos de valor permanentemente. De esa forma mantienes a tu audiencia contigo y fortaleces tu marca personal. Cuando has consolidado un público lector, habrás recorrido un buen trecho en tu proyecto literario.

¡Pero eso requiere dedicación! Para que tus contenidos sean relevantes y aporten valor, debes invertir un tiempo importante. Los contenidos no surgen por generación espontánea. Debes estudiar e indagar mucho para construirlos.

Así que no te desinfles al principio: ten paciencia, confía en tu talento y dedícate realmente a crear contenido relevante. ¡Verás que tu esfuerzo valdrá la pena!

Cómo crear un blog de escritor

En este capítulo quiero hablarte del *blog de escritor*, una de las herramientas más eficaces para divulgar el conocimiento de tu obra e incrementar sus ventas utilizando estrategias de marketing de contenidos.

El blog y la creación de contenidos

El marketing de contenidos es la clave de cualquier estrategia de promoción de libros. A pesar de su relevancia, muchos autores se conforman con tener sus redes sociales, su página web y, por supuesto, sus obras. Sin embargo, generan muy poco o ningún contenido.

Es este uno de los errores más graves que se pueden cometer. No generar contenidos de calidad con la frecuencia necesaria limita el contacto con tus lectores y reduce la probabilidad de vender el resultado de tu trabajo.

Por tanto, es imprescindible que crees contenidos dirigidos a tu audiencia. Para ello puedes hacer uso de diversas herramientas, como las redes sociales, YouTube o los *booktrailers*. Todas son útiles y pueden usarse conjuntamente o por separado, según sean sus características.

Sin embargo, hay que destacar la utilidad que en este campo puede presentar el blog, una herramienta clásica en el mundo del marketing de contenidos. Su formato, su facilidad comunicativa y su actualización regular lo convierten en un recurso esencial para la generación y divulgación de contenidos.

Blog o página web

Con frecuencia te habrás preguntado qué es lo más conveniente: ¿una página web o un blog? Dado que ambos recursos no son incompatibles y más bien se complementan, la respuesta a esta pregunta es simple: lo apropiado es *crear una web con un blog incorporado* o, dicho inversamente, *crear un blog dentro de una web*.

Esto es justamente lo que encontrarás en la página web de Editorial Letra Minúscula. Hay blogs que están exclusivamente orientados a las entradas y hay webs que no tienen blogs, pero una combinación de ambos recursos potencia ambos canales.

En el caso específico del blog, al estar integrado se convierte en el elemento que atrae visitas recurrentes a tu web, pues el carácter hasta cierto punto invariable del contenido no invita al lector a visitarla con frecuencia. Ahora bien, en última instancia, todo depende de que mantengas actualizado el blog.

Si tienes una web con un contenido invariable y no presentas contenido nuevo en tu blog, la gente lo visitará un par de veces a lo sumo y no volverá a hacerlo. En cambio, si lo actualizas de manera regular, los lectores lo visitarán con frecuencia y con la misma frecuencia accederán también a tu web. De este modo, generarás una relación mucho más directa y fluida con tu público y conseguirás construir una gran audiencia.

Así pues, una de las claves del éxito de tu blog es actualizarlo. Por este motivo necesitas crear contenido de calidad una vez a la semana, cada quince días o cada mes.

La constancia

En este caso, como en muchos otros, un elemento decisivo es *la constancia*. Hay muchas personas que publican cuatro entradas en el blog y cuando descubren que no tiene tráfico, se cansan y se aburren, y terminan desertando. Lo mismo ocurre con YouTube. Son muchos los que crean un canal, publican tres vídeos y, si no congregan un millón de suscriptores, proclaman: «Esto no funciona».

Es evidente que esta afirmación es falsa. Como lo demuestran miles de ejemplos, está claro que *funciona,* pero se necesita constancia, tiempo y, por supuesto, la elaboración de contenidos de calidad.

Orientaciones para crear y administrar tu blog

Aunque la creación y la administración de un blog no suponen, en principio, una labor compleja, es conveniente que sigas una serie de orientaciones que te facilitarán el trabajo y te permitirán obtener mejores resultados. Aquí te ofrecemos las cinco más importantes:

1. Planifica los contenidos

Haz una lista de los asuntos que deseas plantear a tus lectores en el blog. Para evitar la dispersión, conviene que tales temas estén hasta cierto punto conectados. Además de esto, también debes precisar cuidadosamente el modo en que los vas a desarrollar, así como las imágenes y el tipo de textos que vas a utilizar.

2. Prepara el contenido con antelación

Es muy importante que crees el contenido con un mes o, por lo menos, unas semanas de anticipación. De esta manera, podrás revisarlo, si lo consideras necesario, y tendrás la garantía de que ningún imprevisto te va a impedir cumplir con la regularidad de las entradas.

Si te vas de viaje, puedes preparar el contenido que cubra ese tiempo. Ten muy presente que, cuando se interrumpe la regularidad en las publicaciones, corres el riesgo de perder la fidelidad de tus lectores y de que estos dejen de visitar tu blog.

3. Comparte el contenido en las redes sociales

No basta con que publiques contenido en el blog, también debes difundirlo a toda tu audiencia. Con ello, se ampliará significativamente el número de lectores de cada entrada, atraerás visitantes al blog y, por extensión, a tu web.

4. Incluye publicidad de pago

Para hacer esto genera una entrada elaborada cuidadosamente, que tenga mucho texto y aporte mucho valor. Luego contratas un anuncio en Facebook Ads y la segmentas muy bien para que esa publicidad de tu contenido llegue a toda tu audiencia.

5. Añade llamadas a la acción

Es muy importante que en la entrada del blog haya una llamada a la acción. En Editorial Letra Minúscula, por ejemplo, se incluye un formulario para que la gente se suscriba a nuestra lista de correo. De esta manera ya tienes registrados los datos de contacto de esa persona y puedes enviarle más información.

El blog debe servir para convertir visitas en ventas, es decir, para que las personas compren tu libro y conozcan tu proyecto como escritor. De modo que, si tú aportas mucho valor en una entrada, pero no incluyes una llamada a la acción, no habrá ninguna forma de que las personas se interesen por todas las demás cosas que haces, y no conseguirás rentabilizar todo tu esfuerzo. Por lo tanto, debes aportar mucho valor.

Debes conocer a tu audiencia

Es necesario que sepas muy bien qué es lo que quiere tu audiencia, qué contenidos le interesan, cuáles son las expectativas que tiene respecto a aquello que publicas.

Una forma de alcanzar este conocimiento es plantear preguntas a tus lectores en las redes sociales o, de modo más sistemático, proponerles que respondan una encuesta en tu página, en tu grupo o en tu perfil de Facebook. Esta herramienta te permitirá formarte una imagen lo más representativa posible del contenido que le interesa consumir a tu audiencia en tu blog.

De esta manera, podrás ajustar de forma más eficaz el contenido que crees para tu blog con las expectativas de aquellos a quienes está dirigido, lo cual te puede ayudar a incrementar significativamente las ventas de tus libros.

El uso de un blog en tu estrategia de creación de contenidos no supone una tarea complicada y te puede ayudar muchísimo a rentabilizar el tiempo y el esfuerzo que dedicas a tu trabajo. El blog del escritor constituye, por tanto, una herramienta que debe llegar a ser imprescindible para ti.

5 consejos para el lanzamiento de tu libro

Una vez culminado un libro, la siguiente aspiración de todo escritor es su publicación, distribución y venta. Para el autor de una obra, el sentido real de esta es que llegue a los lectores, que sea reconocida y, además, le genere ingresos.

Después de una ardua labor de investigación, imaginación, escritura, revisión, corrección y maquetación, tu obra está lista para ser leída. ¿Qué significa esto? Nada más y nada menos que el lanzamiento de tu libro.

¿Qué es un lanzamiento?

Son iniciativas que se ejecutan conjuntamente para hacer visible tu libro y, por consiguiente, ampliar sus ventas.

Sin muchas explicaciones complicadas, en este capítulo te damos unas recomendaciones importantes a la hora de llevar a cabo el lanzamiento de tu libro, con las cuales podrás consolidar todo un plan orientado a manejar adecuadamente su posicionamiento en los sitios de venta.

La conexión con tus lectores

Recuerda que, sin público, no habrá ventas. Es una parte del mundo literario que debes conocer, si quieres ser un escritor exitoso. Para que tu obra sea reconocida, debe ser leída. Y eso no va a ocurrir si nadie compra tus libros.

Existe una relación simbiótica entre el autor y sus lectores, que igualmente se da en esta etapa: es necesario que las personas obtengan información de tu libro; tú necesitas también conocerlas a ellas, establecer esa conexión indispensable con tu público.

En ese sentido, aquí encontrarás unos claros consejos sobre aspectos relacionados con el marketing y cómo elaborar un plan mínimo para hacer visible tu obra literaria.

Consejos para el lanzamiento de tu libro

Te proporcionamos estas ideas que son un *paso a paso* sobre cómo preparar el momento de lanzar tu obra. Por lo tanto, la recomendación es que debes ponerlas en práctica en ese mismo orden, sin trastocar su secuencia.

1. Fija una fecha

Es el primer paso del lanzamiento. Quizá no parezca importante, pero sí lo es. La fecha es tu referencia en el tiempo para desarrollar las acciones trazadas. En torno a ella (bien sea antes o después) pondrás en práctica tus estrategias (a estas nos referiremos más adelante).

La primera sugerencia aquí es que la fecha debe estar ajustada a la culminación de la obra. Y por «obra culminada» nos referimos a que tu libro debe haber pasado por los procesos de corrección, edición, maquetación, portada, etc.

Muchos autores se apresuran a establecer la fecha de presentación sin haber agotado las etapas de acabado del libro. El resultado es que, al final, deben hacer cambios en los plazos establecidos, lo cual trae consecuencias desagradables.

¿Imaginas que, por la premura, tu obra no quede bien corregida? Un libro lleno de errores sería muy desfavorable para tu prestigio como autor y, por lo tanto, para las ventas. De modo que la prisa aquí es mala consejera.

2. Establece objetivos

En este segundo paso debes pensar en lo que quieres lograr con el lanzamiento, a dónde deseas llegar, cuáles son tus propósitos sustanciales. Estamos hablando de los objetivos.

Como en todo proceso, tener claros los objetivos es de vital importancia. Solo de esta forma podemos guiar nuestros pasos en la dirección correcta y calibrar si estamos consiguiendo los resultados que queremos.

Si quieres tener éxito en el posicionamiento de tu obra, define bien cuáles son tus objetivos. Para lograrlo, debes tener claros los siguientes aspectos:

¿Cuál es tu público?

En este punto juega un papel determinante definir a tus lectores. ¿A quién quieres llegar? La respuesta a esa pregunta determinará para qué grupo de personas deseas diseñar tu plan. Es decir, aquí vas a definir tu público. Será también el primer elemento para concebir tu estrategia.

En este paso debes estudiar a tus potenciales lectores. Conocer sus intereses, gustos, motivaciones e inquietudes. Además, es importante que vayas estableciendo contacto con ellos, descubras cómo y dónde ubicarlos para tener una idea precisa de tus sitios de posicionamiento (redes sociales, páginas web, etc.).

¿Qué ventas quiero lograr?

Este es el otro aspecto para fijar como objetivo.

Aquí es oportuno este consejo: sin perder tu conexión con la realidad, plantéate metas desafiantes que te impulsen a mejorar constantemente.

Confía en tu talento, en la calidad de tu libro y en tus capacidades para hacerlo llegar a un gran público. Esos tres elementos son decisivos para lograr las ventas que quieres alcanzar.

3. Define tu estrategia

Esta fase es determinante. En ella debes visualizar y poner en práctica todas aquellas acciones concretas que te permitan alcanzar tus metas.

La idea aquí es concebir distintas acciones de marketing (como las que describimos abajo), y ejecutarlas en torno a la fecha del lanzamiento.

Por ejemplo:

- Crea tu blog: debes tener un blog, preferiblemente, si quieres lograr una mayor difusión de tu trabajo literario.
- Crea un *podcast*.
- Obtén reseñas en blogs literarios, culturales o de arte.
- Envía información sobre tu libro a tu lista de correos electrónicos.
- Crea un evento en Facebook.
- Invita y realiza una presentación en algún espacio (librería, biblioteca, café, etc.). De esta forma estarás tú mismo organizando un lanzamiento.
- Haz publicaciones en redes sociales.
- Contrata publicidad.
- Haz vídeos del lanzamiento y colócalos en las redes sociales.

Recomendamos concentrar tus esfuerzos y tiempo en solo algunas de estas acciones. Tratar de abarcarlas todas podría ser contraproducente. Es preferible ejecutar a la perfección unas tres o cuatro, que realizar a medias todas ellas.

Como ya explicamos, lo más idóneo es efectuar estas iniciativas para el momento del lanzamiento, cuando el libro ya esté listo para salir. Esto hará que alcance un pico de ventas y se posicione bien en las listas.

4. Planifica

Ya tienes la fecha para tu lanzamiento, tus objetivos bien claros y la estrategia para llegar a ellos. Ahora viene un paso que es importantísimo: la planificación, punto por punto, de las acciones contenidas en tu estrategia.

Importancia de planificar

No basta con que tengas bien precisada tu estrategia si no la ejecutas con un plan. Cuando se quieren poner en práctica las actividades concebidas y no hay un plan para ello, generalmente las cosas no salen como las ideamos y en consecuencia nos alejamos de los objetivos.

Entonces viene esta etapa, que consiste en «dar músculo» a las acciones que plasmaste en tu estrategia. ¿Ves lo importante de ir con el *paso a paso*?

Actividades puntuales

Aquí es necesario que a cada acción le otorgues tareas puntuales, con fechas de ejecución e incluso con asignación de responsables si tienes esa posibilidad (pueden ser personas de tu entorno familiar o tus amigos más cercanos). En tal sentido, elabora una agenda con esas actividades específicas.

Veamos algunos ejemplos:

Supongamos que una de tus acciones estratégicas es la de crear un *podcast* en tu blog. Las tareas puntuales para su puesta en práctica podrían ser entonces:

- Diseña tu *podcast* (define su tipo, duración, frecuencia, estructura narrativa, etc.).
- Crea un audio atractivo con la sinopsis de tu libro (coloca también un resumen escrito).
- Escoge un fragmento de tu libro y colócalo.
- Ofrece regalos (un relato, un poema, etc.) a quienes entren en tu blog, e incorpora sus correos para posteriores contactos.
- Cuelga tu *podcast* en YouTube.
- Si has elegido contratar publicidad o lograr que algunas páginas cuelguen reseñas de tu libro, estas podrían ser las actividades para ejecutar:
- Indagar cuáles son las páginas y grupos de publicidad que mejor se adaptan a tu lanzamiento.
- Remitir muestras de tu libro (reseñas, sinopsis y fragmentos) a los sitios con los que has hablado previamente.
- Hacer seguimiento a la publicidad y difusión acordada.

Recuerda que estos son solamente algunos ejemplos. Tú puedes desarrollar las actividades que quieras para hacer visible tu libro, siempre y cuando estén bien alineadas con tus acciones estratégicas y, por supuesto, con tus objetivos.

5. Analiza y rectifica

Este es el último paso: analizar los resultados y verificar que tu estrategia es la más conveniente para el lanzamiento. Ese proceso te permitirá rectificar, si es necesario, y mejorar tus acciones de marketing.

Esta fase debe ejecutarse en el camino. Es decir, a medida que avanzas, vas analizando y rectificando. Pudieras estar haciendo algo mal, o simplemente la acción escogida quizá no esté resultando bien. Entonces hay que hacer los ajustes necesarios.

No dejes para el final esta fase tan importante. Rectificar a tiempo ante aquello que no está saliendo tal como lo planificaste es una acción inteligente.

No temas descubrir que una estrategia determinada (que pensaste y diseñaste detenidamente) no está funcionando. Si falla, debes cambiarla por otra u otras.

Por lo tanto, analizar oportunamente para ajustar, acomodar, modificar, adecuar, incluso sustituir acciones concretas (o toda una estrategia) te permitirá lograr los objetivos establecidos.

Reflexiones y recomendaciones finales

Hemos visto cinco claves para llevar a cabo el lanzamiento de tu libro. Desde fijar fechas y establecer objetivos, hasta concebir una estrategia y planificarla, pasando por la evaluación y el reajuste de las acciones.

La mayoría de los escritores no están familiarizados con las estrategias para vender sus libros. En general, dejan esta labor a otras personas. Eso no está mal.

Sin embargo, en un contexto tan competitivo, con un mercado del libro moviéndose a velocidades increíbles, tener un plan bien definido al momento de hacer que tu libro y el público se encuentren, hará de ti un escritor exitoso. No prescindas de él.

No tengas prisa. Una vez que tu libro esté listo para tus lectores, debes dedicar tiempo a estos aspectos que hemos descrito paso a paso. Invierte tiempo en definir tu público, tus objetivos, tu estrategia y tus acciones concretas para desarrollarla.

Debes partir del principio de que, sin una inversión publicitaria, tu libro no se venderá. Nada se vende solo por mucha calidad que tenga.

De modo que no es suficiente que tu libro (sea de ficción o de no ficción, de cualquier género o subgénero literario) sea bueno. Debes moverlo, darle brillo, hacerlo visible al público.

Para ese propósito, necesitas un plan de marketing que lo posicione bien en las ventas.

YouTube

Además de escribir libros y venderlos, tu preocupación como escritor debe orientarse a establecer una relación con tus lectores que vaya más allá del contacto íntimo que se produce en la lectura.

No basta con que te lean, es necesaria una comunicación continua para lograr que tus lectores sean realmente *tus lectores,* es decir, que estén atentos a lo que dices y escribes, y que siempre esperen con interés la aparición de tus libros para comprarlos y, obviamente, leerlos.

En otros tiempos era difícil establecer y profundizar esa vinculación, y en gran medida el escritor andaba a ciegas respecto a las expectativas de quienes leían sus libros y sobre el efecto real que tenía sobre ellos.

Hoy en día hay abundantes medios y recursos para conocer estos aspectos con un grado de eficacia jamás visto. Sin embargo, no todos los medios disponibles funcionan de la misma manera, por lo cual es necesario elegir aquellos que resulten más apropiados.

En este artículo, quiero presentarte a YouTube como una versátil herramienta de comunicación con tus lectores, y mostrarte la importancia que puede llegar a tener este recurso para potenciar tu carrera de escritor.

Motivos para utilizar YouTube

El uso de YouTube representa una extraordinaria oportunidad para que construyas una audiencia, vendas más libros y tengas muchísimas más personas que te lean. Los motivos para que te comuniques con tus lectores a través de esta plataforma son muchos.

Después de Google, YouTube es el segundo buscador más usado en el mundo. Los vídeos alojados allí se posicionan muy bien en las búsquedas, y es posible que con ellos consigas muchísimo tráfico y audiencia, por lo cual pueden convertirse en un elemento fundamental en tu estrategia de marketing. Además, YouTube forma parte de lo que denominamos el marketing de contenidos.

Por tanto, debes aprovechar tu presencia en esta plataforma para generar un contenido y dirigirlo a tu audiencia. Este contenido debe ser de calidad y representar un valor para ella. No se trata solamente de realizar una operación publicitaria cuyo único propósito sea vender, sino que debes aportar valor a tu público.

YouTube es cada vez más importante: es la televisión del presente y, lo que es más significativo, será la televisión del futuro. Hoy en día muchas televisiones están conectadas a internet, y dentro de las aplicaciones que tienes en tus dispositivos con toda seguridad está YouTube.

A mí, por ejemplo, me encanta poner YouTube y permanecer largo rato observando los numerosos vídeos de mis *youtubers* favoritos. Esto es algo que la gente, sobre todo la más joven, hace con mayor frecuencia. Además de esta función de entretenimiento, YouTube es uno de los mejores lugares, por no decir el mejor, para encontrar información y aprender.

Los escritores y YouTube

YouTube tiene un potencial de crecimiento enorme y juega un rol cada vez más significativo en la vida de las personas. Sin embargo, es un medio que ha sido muy poco aprovechado por los escritores. Muchos de ellos tienen un blog, lo que resulta completamente normal, pues, por definición, a los escritores les gusta escribir. No obstante, hay muy pocos que tienen un potente canal de YouTube.

Tal situación incide en la oferta de contenidos en español en esta plataforma. Son muchísimas las áreas y temas relacionados con la escritura y los libros en los que prácticamente no hay vídeos disponibles. Es posible que en inglés la cantidad sea mayor, pero en el ámbito de nuestra lengua existen muchos temas y géneros cuyo número de materiales en YouTube es escaso o de poca calidad.

Esto sucede, por ejemplo, en casos como los de la novela romántica, la novela histórica, la novela de detectives o la novela de ciencia ficción. Así pues, son muy pocos los canales de escritores que aportan contenido de valor en español sobre la temática y los géneros a que se dedican.

Creación de contenidos relevantes en YouTube

Generar contenido de calidad en vídeo no es fácil. Esto te lo puedo asegurar a partir de mi propia experiencia. Hemos publicado en nuestro canal de YouTube cientos de vídeos, y sé muy bien que no es una tarea imposible. Necesitas dos cosas en principio: saber muy bien de lo que vas a hablar y, además, estar dispuesto a presentarlo delante de una cámara, algo que en mucha gente genera vergüenza. Aun así, aunque no tengas experiencia, puedes hacer un vídeo para YouTube, y con muy poca práctica, descubrirás que no es tan complicado.

También es cierto que para crear vídeos de calidad se necesita realizar una inversión en equipos. Si quieres un buen vídeo, pues vale la pena hacerlo bien, necesitas una buena iluminación proporcionada por focos excelentes, una cámara y un micrófono profesionales y, por supuesto, la mejor edición. Muchas personas editan ellas mismas sus propios vídeos y aunque con frecuencia sus resultados no son malos, es evidente que podrían ser mejores.

Nosotros, en Editorial Letra Minúscula, tenemos profesionales que se encargan de esa tarea, pues para que la calidad sea óptima es conveniente acudir a quienes en realidad conocen los procedimientos y son expertos en las diversas facetas relacionadas con la edición. De esta manera, por una inversión económica muy pequeña, obtienes un vídeo de calidad que fortalecerá tu imagen frente a tu audiencia.

El contenido *evergreen*

YouTube te permite crear contenido *evergreen* («siempre verde»). Esto significa que la actualidad del contenido de tu vídeo no está sometida a la degradación y al desgaste, y que no responde a una tendencia transitoria de la moda.

Si, por ejemplo, dedicas un vídeo a hablar de los mejores libros de Isaac Asimov, puedes estar seguro de que, tanto por la relevancia del autor como por la de su obra, ese vídeo no va a pasar desapercibido a lo largo del tiempo. Por tanto, te podrá generar reproducciones durante muchos años.

Nosotros, en nuestro canal, siempre procuramos crear contenido *evergreen* para garantizar que, incluso cinco o diez años después de ser publicado, el vídeo todavía sea capaz de despertar interés en quien lo vea y, lo que también es importante, te siga generando reproducciones y dinero. De igual modo, si cuentas con muchos suscriptores, es posible que a través de la publicidad consigas unos ingresos adicionales que, aunque no sean enormes, pueden resultarte interesantes.

Ahora bien, más allá de todo esto, con toda seguridad, gracias a tu vídeo en YouTube vas a conseguir audiencia, público y *muchísimos lectores*.

Nosotros, en Editorial Letra Minúscula, consideramos que cada vídeo que hacemos es un patrimonio de la empresa. Lo mismo deben ser tus vídeos para ti. Si haces un buen vídeo en el que hables de un tema que interese a tu público, puede generarte lectores y ventas de tu obra durante años; por lo tanto, constituye una inversión que vale la pena hacer.

YouTube debe ser un recurso fundamental en tu estrategia de marketing y una de las vías para generar contenidos y comunicarte con la audiencia.

El poder de la tenacidad

Es muy importante que no te rindas. Esto es crucial. Sé muy bien que resulta muy frustrante empezar un canal y tener diez, o cien, o mil suscriptores. Ante esto muchas personas se desaniman. Dicen: «Bueno, pues yo lo he intentado y no ha funcionado». No te rindas, se necesita tiempo, constancia y generar un contenido de calidad.

Nosotros no hemos consolidado nuestro canal en un día. Hemos tardado años en ir construyendo su audiencia. Lo mismo debe ser para ti. Te sugiero que empieces produciendo como mínimo un vídeo a la semana; aunque, si puedes, lo ideal sería producir dos o tres.

Evidentemente hacer esto es complicado. Exige tiempo, esfuerzo e inversión de recursos económicos. Pero debes entender que se trata de una gran oportunidad para ti. Ahora es un gran momento para entrar en YouTube y es conveniente que lo aproveches.

Crea en YouTube un canal que aborde los temas fundamentales de tus obras. Si has escrito un libro de no ficción sobre cualquier asunto, crea un canal sobre su temática. Si escribes sobre novela romántica, crea un canal que hable de novela romántica. Si escribes sobre zombis, crea un canal sobre zombis.

En fin, si escribes sobre un tema determinado, crea un canal sobre ese tema, y aliméntalo con contenido de calidad. Es importante que este contenido no sea comercial, sino que aporte valor a tu público; de esta manera irás construyendo una audiencia y conseguirás llegar a muchísimas personas.

Utiliza YouTube para crear contenido y llegar a tu público: con seguridad esto te ayudará a incrementar notablemente las ventas de tus libros.

Lista de suscriptores

En este capítulo vamos a hablarte de una de las estrategias más poderosas que puedes poner en práctica para vender tus libros. Nos referimos al *email* marketing.

Muchos escritores desconocen esta herramienta. Sin embargo, cada vez más empresas y personas la utilizan para captar potenciales clientes y consolidar los que ya tienen. Es momento de que la apliquemos para construir y ampliar nuestro público de lectores.

En el mundo del marketing digital, es interesante ver cómo el uso del correo electrónico está superando incluso al de las redes sociales. Y no solo se debe a su carácter gratuito, sino a que ha logrado una mayor interacción entre las marcas y su público.

Hazte la siguiente pregunta: ¿qué personas es más fácil que se conviertan en tus lectores, aquellas que te hacen una visita rápida y luego se van, o las que te han ido conociendo y tienen ya una referencia de tu obra?

Pues se trata de eso, de convertir visitas efímeras en relaciones permanentes, duraderas, que posteriormente se conviertan en compradores de tus libros.

Aquí vamos a explicarte qué es el *email* marketing, cómo crear una lista de suscriptores y cómo mantenerla.

¿Qué es el *email* marketing?

En pocas palabras, podemos decir que es el envío masivo de correos electrónicos a personas interesadas.

Este es un concepto muy concreto que define muy bien al *email* marketing. Veamos cómo lo desglosamos.

Correo electrónico: es el formato que se utiliza para enviar los contenidos. Lógicamente, debes tener una dirección de correo electrónico. ¿Quién no la tiene?

Masivo: el carácter masivo dependerá de tu lista de suscriptores. Es decir, mientras más tengas, más abundante será el envío de contenido.

Suscripción voluntaria: la idea es que los destinatarios de tus correos acepten estar en tu lista y recibir tus contenidos. ¡Nada que ver con el *spam*!

De modo que, para resumir un poco de qué se trata, el *email* marketing consiste en que tú creas una lista de correo en la que las personas interesadas en tu contenido se pueden suscribir.

Cuando alguien se suscribe a tu lista, decimos que se dio de alta en ella (igualmente, darse de baja significa abandonar la suscripción). Una vez tengas tu lista, puedes enviarles contenido sobre lo que consideres importante, como tu nueva novela o ensayo, tus nuevos proyectos, algún artículo que has publicado, etc.

Bien, una vez definido lo que es el *email* marketing, vamos a mostrarte los pasos para crear tu lista de suscriptores.

¿Qué necesitas?

Un sitio de llegada de tu público: es decir, un lugar en el que tus lectores puedan visualizarte. Puede ser una página web (es lo más recomendable, aunque no imprescindible), un blog, las mismas redes sociales, etc.

Una *landing page*: se refiere a una página de aterrizaje desarrollada con el objetivo de convertir a tus visitantes en potenciales lectores. En ella las personas pueden llenar un formulario y recibir, por ejemplo, un regalo como incentivo para que se den de alta en tu lista.

Un gestor de correos: para hacer *email* marketing necesitas un gestor de correo. ¿Qué es esto? Una aplicación que se utiliza para organizar, agenciar y darle el tratamiento adecuado a tus correos electrónicos.

Significa que puedes emplearla para enviar correos automatizados a las personas que se han dado de alta en tu lista. Por cierto, hay muchísimos gestores de correo. Solo por mencionar algunos, están Mailchimp, GetResponse, Sendinblue, Mailrelay, etc. Muchos son gratuitos si tienes pocos suscriptores e incluso te permiten crear gratis una *landing page* para captar correos.

¿Cómo optimizar el *email* marketing?

Ahora vamos a darte algunas recomendaciones para que hagas un buen uso de esta poderosa herramienta. La idea es que, al aplicarla, logres un empleo óptimo de los recursos que te ofrece y alcances una mayor efectividad al interactuar con tus lectores.

Difunde contenido de valor: este es uno de los fundamentos del marketing de contenidos, en el que hemos insistido mucho en anteriores capítulos. De nada te sirve tener el canal ideal si a través de este no transmites contenido de calidad.

No hagas *spam*: el *email* marketing te puede tentar a enviar información a un segmento que todavía no te conoce lo suficiente. Aléjate de esa práctica.

Puede ser que, esporádicamente, envíes una promoción de tu más reciente obra. Sin embargo, no lo conviertas en una acción repetitiva. Si te dedicas a bombardear a las personas captadas con publicidad, corres el riesgo de que se den de baja de tu lista (y las pierdas como potenciales lectores).

Evita enviar demasiados correos: no satures a tu audiencia. Recomendamos el envío de un correo semanal o quincenal. Por ejemplo, los domingos, con la entrada que publiques en tu blog.

Por supuesto, están los correos automáticos que llegan a las personas de tu lista, como los regalos, los mensajes de bienvenida o simplemente para iniciar un diálogo. Pero en su gran mayoría, debes administrar bien el envío de tus correos periódicos.

Utiliza asuntos interesantes: el asunto es el primer mensaje que tus suscriptores leerán de tus correos. De modo que deben ser llamativos, que capten el interés y la atención de tu audiencia. Un buen asunto es como un buen título, porque abre las puertas al resto del contenido que quieres entregar.

Utiliza emoticonos: con los emoticonos puedes expresar rápidamente estados de ánimo y emociones, ajustar comentarios, ahorrar caracteres, aumentar la interactuación y, en fin, ir aproximando a tus lectores a tu marca personal.

Ofrece regalos de calidad y atractivos: el obsequio que ofreces a las personas que te visitan debe ser lo suficientemente bueno para que se den de alta en tu lista. Recuerda que el regalo es muy importante para conseguir más suscriptores y potenciales compradores de tus libros.

Por ejemplo, si los que han comenzado a seguirte aún no te conocen bien, quizá regalar un poema de tu nuevo libro no sea muy atractivo para ellos. Hay mucho contenido de valor para ofrecer. Por ejemplo, un minicurso sobre redacción con vídeos inéditos, un capítulo de tu nueva novela, etc.

Activa la doble notificación (doble *opt-in*): este es, indudablemente, un aspecto de gran relevancia para hacer un *email* marketing óptimo.

¿Qué es el doble *opt-in*? Simplemente un proceso para confirmar los nuevos contactos que se suscriben a tus listas. Se recolectan direcciones de correo a través de unos formularios y se remite un mensaje de confirmación. El contacto debe ratificar ese correo para ser agregado a la lista de suscriptores.

De esta forma garantizamos suscriptores que realmente quieren estar en tu lista (es decir, suscriptores de calidad).

¡Nunca des de alta en tu lista a un visitante si este no lo ha hecho voluntariamente! Eso iría en contra de la legislación actual.

Cumple las leyes: infórmate bien sobre la normativa vigente. No se trata de nada complejo ni engorroso. Es simplemente seguir unas normas muy básicas para proteger la información de tus suscriptores.

Las ventajas de usar *email* marketing

Veamos ahora por qué es tan necesario tener una lista de suscriptores y poner en práctica el *email* marketing. ¿Cuáles son sus ventajas?

Una relación duradera: el *email* marketing lo empleamos para convertir visitas fugaces en una relación constante. Por ejemplo, entras a YouTube, ves un vídeo y te vas. Si, por el contrario, quien administra ese canal logra que te des de alta en su lista de suscriptores, se inicia una relación que puede ser a largo plazo.

Te permite que te vean como un experto: si aportas contenido de calidad, puedes lograr que el público te vea como un buen conocedor del género y de las temáticas que abordas. Serás un referente, alguien que aporta valor a tus lectores.

Genera confianza: el hecho de tener una lista de suscriptores crea mucha confianza, pues ofrece la ventaja de tener una relación directa con ellos. Recuerda que han sido ellos quienes te han suministrado voluntariamente su correo electrónico para compartirles información.

Al tener sus datos, puedes contactarlos e ir fortaleciendo esa relación. La confianza es determinante y no solo debes generarla: es vital que la sostengas en el tiempo.

Suscriptores de calidad: el *email* marketing te permite crear una base de datos de todos tus seguidores. Puedes incluso agruparlos según sus preferencias literarias (lo cual funciona muy bien si trabajas con varios géneros).

La idea es que tengas suscriptores de calidad en lugar de simples visitantes que no leen la información que publicas. Si no conoces a tus potenciales lectores/compradores, sus inquietudes y deseos, es muy difícil que logres retenerlos.

Medición y rectificación: con el *email* marketing tienes también una herramienta valiosa para evaluar los resultados de tu plan.

El intercambio de información y la relación directa con tus lectores te permitirán saber qué contenidos disfrutan y aprecian más, si el asunto de tus correos está siendo lo suficientemente efectivo para captar suscriptores en tu lista, todo esto para medir y rectificar a tiempo si es necesario.

¿Por qué estás perdiendo suscriptores?

¿Qué pasa si de pronto adviertes que muchos de tus suscriptores se han dado de baja?

Bueno, lo primero es no entrar en pánico. Lo importante es que no se convierta en una fuerte tendencia y que no sea recurrente. Cuando esto ocurra, debes preguntarte:

¿Mis contenidos están realmente aportando valor? ¿Estoy saturando de correos a mis suscriptores? ¿Estoy cumpliendo con lo que he ofrecido?

Si resulta que estás enviando muchos correos, que has hecho promesas u ofrecimientos y no has saldado esas deudas, que tus contenidos han dejado de ser interesantes para un sector de tus lectores, entonces estás mal encaminado. Es el momento de rectificar.

En el *email* marketing es fundamental hacer los ajustes necesarios a tiempo. De lo contrario, tus envíos pueden acabar en las bandejas de correo basura. ¡No puedes permitir que eso suceda!

¿Cómo cuidar mi lista de suscriptores?

A veces es preferible tener un número no muy extenso de suscriptores que se interesan por tus contenidos, a tener una lista muy grande de personas a las que no les importe tu marca personal. De modo que nuestro principal consejo es este: construye una lista de calidad.

Pero no es suficiente crearla. Debes cuidarla muy bien si no quieres que se den de baja. Te dejamos aquí unos consejos con ese propósito:

Trato especial: los lectores que están en tu lista de suscriptores deben tener un trato especial. Haz regalos ocasionales, descuentos, ofrece contenidos solo para ellos (por ejemplo, textos inéditos que has escrito), organiza seminarios, etc.

Interactúa: no se trata solo de ofrecer contenido, regalos y ofertas. Debes demostrar que tus suscriptores son muy valiosos para ti. Responde a sus inquietudes, mantén vivo el *feedback* y nunca los ignores.

Personaliza tus envíos: cuida que tus correos tengan tu sello humano y personal. Llama al lector por su nombre, no envíes nada en horas de sueño (de madrugada) y sé detallista en el diseño (tipo de letra, emoticonos, logotipos, colores, etc.).

No obstaculices las salidas: todo lo contrario, debes facilitar que tus lectores se den de baja de forma sencilla. De esa forma consolidas la confianza, pues te verán como una persona razonable que no tiene nada que ocultar.

Recuerda: ¡tu lista de suscriptores tiene un valor inmenso! Es, sin duda, uno de los instrumentos de marketing más efectivos.

Influencers para escritores

Es imposible imaginar hoy, por ejemplo, vender un libro sin utilizar las redes sociales, sobre todo para un autor independiente.

Cuando una persona ha logrado construir una buena comunidad de admiradores en esas redes, su influencia es tan importante que son buscados y contratados con fines publicitarios. Esos interesantes personajes son las llamados *influencers*.

Hablaremos precisamente de una de las estrategias más eficaces para promover tu obra, que se está utilizando cada vez con más determinación: el marketing de *influencers*. Si aún no sabes de qué se trata, te invitamos a seguir leyendo este capítulo.

¿Qué es un *influencer*?

Un *influencer* es una persona que se ha destacado en los canales digitales, especialmente en redes sociales como Instagram, Facebook, YouTube y TikTok, logrando crear un gran grupo de seguidores, admiradores y suscriptores.

Evidentemente, alguien que tenga toda una comunidad de seguidores detrás puede convertirse a su vez en un buen promotor de cualquier producto.

Es muy cierto que, en algún momento, los *influencers* tuvieron mala imagen por haberse creado seguidores falsos y haber recibido pagos por campañas que no tuvieron la efectividad esperada.

Sin embargo, hay una tendencia cada vez mayor, por parte de los anunciantes, a buscar *microinfluencers* en el ciberespacio con un solo propósito: utilizar su poder mediático y la influencia que tienen para promocionar sus marcas.

Tipos de *influencers*

Podemos categorizar a los *influencers*, sobre todo, por su cantidad de seguidores. Si bien nos interesa aquí destacar a los *microinfluencers*, explicamos brevemente cada tipo para un conocimiento más amplio. En ese sentido, tenemos:

Influencers de gran alcance

Aquí tenemos a los *megainfluencers*, que son la categoría de mayor influencia en las redes sociales (por lo general, tienen más de un millón de seguidores). Se trata principalmente de celebridades, con audiencias muy diversas y una gran variedad de temas.

Por supuesto, la relación individual con su público es nula. Sin embargo, tienen un alcance muy grande. Ejemplos de estos *megainfluencers* pueden ser deportistas famosos, actores de cine y televisión, estrellas de la música, etc.

Son la opción perfecta para las grandes marcas, que cuentan con presupuestos muy altos para publicidad y están buscando llegar a una gran audiencia. Por decir alguna cifra, pueden llegar a cobrar hasta un millón de dólares por un solo *post*.

Luego están los *macroinfluencers*, un poco por debajo de los *megainfluencers*. Se distinguen por su cantidad de seguidores, que van desde los cien mil hasta el millón. Generalmente, han ganado fama por sus actividades a través de la web. En este segmento se encuentran casi todos los *youtubers*, *instagrammers* y *tiktokers*.

Son muy buscados por marcas con presupuesto medio a alto, en campañas dirigidas a un público grande, pero más de nicho. Por ejemplo, si deseamos llegar a un amplio grupo demográfico, como los adolescentes, funcionan muy bien los *macroinfluencers*.

El *microinfluencer*

Ahora vamos a centrarnos en lo que realmente a nosotros, como escritores independientes, nos interesa: ¡los *microinfluencers*!

Son aquellos que tienen entre 5 mil y 50 mil seguidores o más (hasta unos 100 mil). Se caracterizan por tener una comunidad no muy grande, pero especializada en algún tema específico. Por ejemplo, literatura, cultura pop, mascotas, etc. Tienen un grupo de seguidores moderado, pero su vínculo con estos es más estrecho.

Esa posibilidad les permite ser más cercanos e interactivos. Además, los *microinfluencers* llegan a convertirse en líderes de opinión en determinadas materias.

Por ejemplo, un *booktuber* que tenga un canal sobre novela fantástica, con unos 10 mil suscriptores, no es un gran *influencer*. Pero al especializarse en novela fantástica, tiene una comunidad que le sigue porque lo consideran una autoridad en esa temática.

La gente cree, tiene mayor afinidad y confía más en la gente más cercana, con la que puede interactuar. Este es el principio que define a los *microinfluencers* y les da una ventaja sobre los grandes influenciadores a la hora de medir el compromiso entre las audiencias y las marcas.

Más adelante te explicaremos cómo relacionarte con los *microinfluencers* para promocionar tu obra.

¿Por qué utilizar los *influencers*?

El tema de los *influencers* se fundamenta en algo que es clave en el marketing: la prueba social. Las personas siguen a personas que tienen éxito. Si entras en un canal de YouTube y ves que tiene un millón de seguidores, pensarás «este canal es bueno»; pero si tiene solo cinco seguidores, pensarás todo lo contrario.

Valoramos mucho las opiniones de terceros. Un error que cometen muchos escritores a la hora de intentar difundir su libro es citarse y/o hablar de sí mismos. Tiene más valor que otras personas, con ascendencia sobre una comunidad, hablen sobre ti y sobre tu obra.

La actividad de los *influencers* se parece a la del boca a boca. Cuando una persona con autoridad sobre un tema recomienda, por ejemplo, un libro, esa recomendación tiene un gran impacto, incluso mucho más que ver un anuncio en la TV, porque la gente confía en su criterio y, en consecuencia, lo divulgará.

Por eso recomendamos ampliamente establecer alianzas con los *influencers*.

Identificando *influencers* de tu nicho de mercado

Aquí debemos explicarte que no todos los *influencers* servirán a tu propósito de autor. Tienes que ser lo más específico posible para ubicar a los que se identifiquen con tu libro y sean útiles para tus propósitos.

¿Qué queremos decir con esto? Que tu búsqueda debe sustentarse en tu marca personal, tu público y aspectos como la propuesta de valor de tu libro, el género, etc. Es decir, todos los elementos que identifican tu obra y la relacionan con tus lectores. De esa forma encontrarás los *influencers* que más te convienen.

No es una tarea sencilla, pero vale la pena. Existen herramientas en internet para optimizar esas búsquedas, que te permiten rastrear *hashtags* populares sobre un tema específico, monitorear *fans* para ver quiénes se relacionan mejor con ciertos contenidos, analizar el desempeño de *influencers* en tu nicho, etc.

Por ejemplo, si escribes novela romántica, deberías buscar blogs, canales en YouTube, cuentas en Instagram o grupos en Facebook que hablen de ese nicho. De esa forma podrás identificar a los *influencers* que estén relacionados con esa temática en particular y llegar a acuerdos con ellos.

Midiendo el retorno de inversión

¿Cómo se mide el retorno de inversión con este tipo de acción de marketing? Con las ventas de tu libro, evidentemente. Si has invertido un dinero, por ejemplo, en un *booktuber* para que te haga publicidad en vídeo, debes ver si las ventas de tu libro se elevan luego de la publicación de ese vídeo. Ahí verás el retorno de inversión.

Ahora bien, si es rentable o no, no es algo tan sencillo de saber. Porque puede suceder lo siguiente: pagas 300 euros a un *influencer* por hacer una reseña en su blog y consigues ventas de 100 euros. Puedes pensar que has perdido 200 euros, ¡pero en realidad no es así!

Las personas que te han comprado ese libro pueden convertirse en tus *fans* y luego comprarán otros libros. Además, se convierten en divulgadores de tu obra. Entonces el valor de un cliente no se mide solo por la compra puntual en un instante dado, sino por lo que va a comprar el resto de su vida. Por lo tanto, no veas ese retorno de inversión a corto plazo.

¿Quién crea el contenido?

Antes de utilizar esta estrategia para vender su libro, muchos autores se preguntan: ¿quién crea el contenido, el *influencer* o el escritor?

Eso dependerá del tipo de colaboración que establezcas con él. Por ejemplo, si el contenido es una reseña en YouTube o en Instagram, tú debes proporcionarle el libro y la información que tengas sobre ti.

El *influencer* sabe cómo conectar con su público y lo hará como siempre lo hace. De modo que hay que dejarle cierta libertad para crear contenido a su manera. De lo que se trata es de construir una relación positiva entre el escritor y el *influencer*.

La colaboración con los *microinfluencers* puede ser una forma gratis de difundir tu libro: él habla de tu libro y tú hablas de él.

Si no tienes presupuesto para difundir tu libro, puedes intentar colaborar con personas que tengan una comunidad similar a la tuya y compartir audiencias. Son acciones en las que todos ganan.

Falsos *influencers*

Como hemos comentado, hay falsos *influencers* que compran seguidores y hacen ver que tienen una gran comunidad detrás de ellos. Para evitarlos, debes investigar bien y asegurarte de que sus seguidores son auténticos. Algunas claves que puedes emplear son:

- Asegúrate de que los seguidores sean reales: un seguidor falso tendrá pocos contactos y pocas imágenes subidas.
- Revisa la interacción en publicaciones: si un *influencer* tiene, por ejemplo, 100.000 seguidores y solamente unos 10 «me gusta», seguramente se trata de cuentas inactivas compradas.
- Pide referencias: puedes solicitar a otras personas que te hablen de los resultados de su colaboración con un *influencer*.

Conclusiones y recomendaciones

Crear alianzas con *influencers* en las redes sociales es, sin duda, una excelente manera de conectar mejor con tus seguidores y aumentar la visibilidad de tu marca, de cara a las ventas de tus libros.

La relación con los *influencers* se construye a través de un proceso de búsqueda, estudio y conocimiento. Así que no te desanimes si ves que al principio no consigues los resultados correctos.

Si a esto sumamos que el alcance de tus publicaciones y contenidos pudiera estar decayendo en un momento determinado, siendo el costo de los anuncios muy alto para tu presupuesto, promover tu obra literaria a través de *influencers* es una excelente opción.

Mientras un anuncio publicitario puede ser invasivo y, de alguna forma, no deseado para muchos, el contenido de los *influencers* garantiza la aceptación de sus seguidores, que lo esperan ansiosamente.

Quiere decir que, al hacer una recomendación de tu libro, ese contenido llegará a sus *fans* fácilmente, lo cual generará el crecimiento de la confianza en tu marca personal.

Ya lo sabes: cuando vayas a desarrollar el plan para difundir tu obra, piensa en el marketing de *influencers*.

Esperamos haber aportado valor en este tema tan interesante y necesario para tu proyecto como escritor de éxito.

Consejos de marketing

Seguramente tienes un gran talento como escritor, tus creaciones son de una alta calidad literaria y has logrado, incluso, excelentes críticas en un entorno reducido de personas.

Pero recuerda: el libro por sí solo no es suficiente para asegurar el éxito. Hay que promocionarlo y, claro está, conseguir que la gente lo compre.

El mercado literario se hace cada vez más competitivo. En ese mar de títulos en que los ávidos lectores se sumergen a diario, debes procurarte una marca personal como escritor conocida y relevante en tu nicho de mercado.

Para lograrlo necesitas una buena estrategia de marketing. Precisamente, aquí te daremos algunos consejos prácticos sobre este interesante tema, que pueden ayudarte a vender tu obra y convertirte en un escritor de éxito.

Antes del lanzamiento
Muchas veces los escritores no están dispuestos a escuchar a nadie, no quieren cambiar una sola coma del

libro ni oír las orientaciones que otras personas pueden darle. Un buen principio para llegar a más lectores parte de la humildad, de escuchar a tu público y a quienes te asesoran en la publicación de la obra. ¡Ningún autor se las sabe todas!

Así que aquí van los dos primeros consejos antes del lanzamiento de tu libro:

Escucha a tu público: debes hablar con tu comunidad. Si tienes una portada, un maquetado y un contenido que quieras usar en tu marketing, tienes la posibilidad de testearlo a través de la comunicación con tu comunidad de lectores.

Puedes, por ejemplo, hacer una encuesta sobre distintas opciones de portada, para que tu comunidad te ayude a elegir la mejor. Puedes también difundir una parte del libro para ir palpando las distintas opiniones y tener una idea de cómo orientar tu estrategia de marketing.

En fin, nuestra primera recomendación es que escuches a tu público.

Escucha a los especialistas: no ignores las orientaciones y sugerencias de los expertos que te asesoran en la publicación de tu obra. Por algo han acumulado experiencia y conocimientos y seguramente podrán ayudar a que tu libro tenga la calidad necesaria para convertirse en un éxito de ventas.

Propuesta de valor

Vamos a hablarte ahora de un concepto muy importante que debes tener bien claro. ¿Qué es la propuesta de valor? Es el contenido que entregas a tus lectores con tu obra, el valor fundamental que ellos obtendrán al leerla.

A algunas personas les resultará valioso un libro por lo que les enseña. A otras, sencillamente, porque se han identificado con su contenido y les ha dado respuestas a sus inquietudes. Lo importante es que toda obra debe contener una propuesta de valor.

Si es un libro de no ficción, debes tratar de completar la siguiente frase: «Este libro sirve para…». Supongamos que se trata de una investigación sobre cómo mejorar en las redes sociales. La propuesta de valor será entonces que, al leer ese libro, las personas obtendrán las herramientas necesarias para optimizar su conocimiento y uso de estas plataformas digitales.

Si es un libro de ficción, una novela sobre vampiros (por ejemplo), la historia narrada genera en tu público placeres estéticos, lúdicos y de esparcimiento que encierran, indudablemente, la propuesta de valor principal de la obra.

¿Por qué es importante la propuesta de valor en el marketing? Esto es bastante obvio: a partir de la propuesta de valor de tu libro podrás definir quién es tu público, las estrategias a seguir para la promoción, los contenidos que debes crear para mantener a tu audiencia, etc.

Todo marketing parte de un producto de calidad
El marketing para escritores no escapa de este principio.

Debes entender muy bien esto: existe una relación bidireccional entre el marketing y la calidad de tu libro. ¿Qué significa esto?

Significa que, así como el libro, por muy bueno que sea y por mucha calidad que tenga, no se vende por sí solo (para lo cual necesita una buena estrategia de marketing), ninguna estrategia de marketing será eficaz si la obra no tiene calidad.

¿Qué significa una obra de calidad? Además de sus cualidades literarias, tu libro debe reunir también una serie de atributos no menos importantes. En ese sentido debes garantizar una buena corrección, contratar un informe de lectura para ayudarte a mejorar el contenido, consultar con tu público y con especialistas sobre la portada, etc.

El precio
Uno de los elementos principales para tener en cuenta en tu plan de marketing (y antes del lanzamiento) es el precio. Un precio mal puesto puede significar que pierdas muchas ventas y, por lo tanto, que tu libro no tenga éxito. A veces es necesario acudir a acciones tácticas, como poner un precio bastante bajo y salir con una oferta limitada durante las primeras semanas.

También puedes, incluso, ponerlo gratis en *ebook*. Por ejemplo, en Amazon, si estás inscrito en el programa KDP Select, tienes esta opción durante cinco días, cada 90 días.

Si no tienes una audiencia porque estás empezando o eres un escritor con varios libros, pero no tienes un gran público detrás, el hecho de poner tu libro gratis unos días es una forma de captar lectores, construir tu audiencia y llegar a más personas.

El colocar tu libro gratuitamente es importante de cara a las ventas. Parece contradictorio, pero se trata de una acción que apunta a obtener beneficios a largo plazo.

Los escritores independientes no deben plantearse, sobre todo cuando están empezando, ganar dinero como su prioridad. Lo primero es construir una comunidad de lectores, una muy buena audiencia, un buen grupo de *fans* que después nos ayuden a catapultar nuestra obra.

Por lo tanto, plantéate seriamente rebajar o poner gratis tu libro por un periodo determinado de tiempo.

El lanzamiento

Este es otro aspecto importantísimo. Después de un laborioso esfuerzo de investigación, creatividad, escritura, corrección y maquetación, tu libro está listo para tu público. Así que el próximo paso es su lanzamiento.

¿Qué es el lanzamiento? Son iniciativas de marketing que se ejecutan simultáneamente, durante un periodo determinado de tiempo, para lograr que tu libro despegue. Es decir, para hacerlo visible y, por consiguiente, mejorar sus ventas.

Para el lanzamiento de tu libro debes tener un plan. Una estrategia bien definida, que contenga todas las acciones de marketing que vas a poner en práctica, por ejemplo, durante las primeras dos semanas.

Así que debes concentrar tus esfuerzos en ese periodo. Puedes hacer campañas de pago en redes sociales, contratar servicios de publicidad, hacer una oferta especial, crear un evento en Facebook, obtener reseñas en blogs literarios, etc. ¡Hay muchas acciones de marketing que puedes ejecutar!

Dos recomendaciones: la primera es que concentres tus esfuerzos y tiempo en solo algunas de estas acciones, pues el querer abarcarlas todas podría ser contraproducente. Es mejor ejecutar bien unas tres o cuatro, que realizar a medias todas ellas.

La segunda es que lleves a cabo estas iniciativas cuando el libro ya esté listo para salir. Esto hará que alcance un pico de ventas y tenga un buen posicionamiento en las listas.

Los *influencers*

Esta es otra estrategia que puedes utilizar para el lanzamiento de tu libro. Para un mejor resultado, te recomendamos especialmente los *microinfluencers*. ¿Sabes lo que son? Aquí te lo explicamos.

Primero debes saber que un *influencer* es una persona con una gran cantidad de seguidores y admiradores en los canales digitales (especialmente en las redes sociales) sobre quienes puede ejercer una determinada influencia.

Un *microinfluencer* es aquel que tiene menos de 50 mil seguidores en las redes sociales, pero es una autoridad para su comunidad. Tal vez no tenga un público muy grande (de ahí se deriva su nombre), pero lo realmente interesante es que se trata de una comunidad especializada.

Por consiguiente, te sería muy útil a la hora de promocionar tu libro.

Vamos a verlo mejor con un ejemplo. Supongamos nuevamente que el libro que está en lanzamiento es una novela sobre vampiros. Te vendría estupendo llegar a un acuerdo con un *microinfluencer* que tiene un blog o un canal especializado solo en temas de terror y suspense, para que haga una reseña de tu libro o te mencione en sus redes.

Plantéate entonces regalar tu libro a los *microinfluencers* o llegar a acuerdos económicos con ellos para que promocionen tu libro. Puede ser una acción que te genere pocos gastos y te produzca un retorno de inversión muy interesante, pues te permite llegar a una comunidad nueva que no te conoce y sumar personas que se interesen en tu obra.

La prensa y los medios tradicionales

Estos medios son poco eficaces a la hora de vender. Sin embargo, pueden ser muy importantes cuando se trata de medios especializados en temas específicos que se relacionen con la propuesta de valor de tu libro.

Por ejemplo, si has escrito un libro sobre cómo invertir en la bolsa de valores, puedes contratar publicidad en un diario económico o una página web especializada en bolsa, y eso indudablemente te ayudará a dar a conocer tu obra frente a tus potenciales lectores.

Los grandes medios no ayudan a las ventas. Eso es algo que debes tener muy claro. Pero sí ayudan a mejorar tu marca personal como autor; es decir, el hecho de salir en medios prestigiosos tradicionales le da más credibilidad a tu proyecto de escritor.

Salir en la radio, los diarios y la televisión, si bien no es una estrategia directa para incrementar tus ventas, contribuirá a mejorar y a fortalecer tu marca personal como autor.

Sé creativo

Recuerda que el mundo literario es muy competitivo. Significa que hay infinidad de autores escribiendo muchos libros. Los lectores buscan cada vez más originalidad y novedades, no quieren escritores cuyos contenidos y estilos sean copias o imitaciones de otros.

Así que debes ser tú mismo. En tu carrera de escritor es vital que construyas tu marca personal. De modo que no te conviene copiar cualidades o particularidades de otros autores.

Lo mismo aplica para el marketing. No hagas lo que todos hacen. Diseña un plan en el que tu público distinga tu sello. Utiliza contenidos propios y crea estrategias peculiares.

Eres un escritor y, por lo tanto, debes tener mucha creatividad. ¡Ponla en práctica!

No te quedes atrapado en tu primer libro

Muchos escritores cometen el error de quedar atrapados en su primer libro. Algunos, al ver que no es exitoso, dejan de escribir. Otros, si ven que su ópera prima triunfa, piensan que ya con eso es suficiente y se echan a dormir.

¿Sabes a cuántos escritores exitosos (como Agatha Christie) les rechazaron sus primeras obras? ¡Son realmente muchísimos! Y no por eso renunciaron a su sueño de escribir.

Igualmente, muchos escritores se quedaron congelados después de obtener el éxito con su primer y único libro. ¿Qué sucedió? Con el tiempo fueron olvidados por el público.

La carrera del escritor es larga. No es un *sprint*: es un maratón. Es un oficio en el que vas forjándote un nombre a lo largo de los años.

Recuerda que, para ser un escritor de éxito, debes construir tu marca de autor. Eso se logra escribiendo no uno, sino varios libros que constituyan una obra por la que tus lectores finalmente te identifiquen.

Cuida a tus *fans* verdaderos

Puedes tener solo 1000 *fans*, pero si son *fans* verdaderos, que te siguen realmente porque se interesan por lo que escribes y, además, lo difunden, tendrás un enorme trecho recorrido de tu camino al éxito. Por eso es muy importante que trabajes la relación con tu audiencia. Debes tener una plataforma de autor, una página web, un blog, un grupo en Facebook, un lugar donde puedas encontrarte con tus lectores, interactuar y conectar emocionalmente con ellos, que te vean como un ser humano. ¡Apórtale valor a tu audiencia!

La estrategia: el marketing de contenidos

Para lograr todo esto, tu estrategia debe estar fundamentada en los contenidos de valor.

Tu comunidad de lectores, por muy grande que sea, no perdurará si no la nutres constantemente. Los contenidos son ese sustento con el que deberás alimentar a tu audiencia para que se mantenga interesada y atraída hacia ti y tu obra.

No caigas en el grave error de pensar que el marketing termina con la publicación y las ventas. ¡El marketing de contenidos es para siempre!

Por último, utiliza bien las herramientas y canales digitales para hacer marketing. Crea una lista de suscriptores, no hagas *spam*, ten paciencia y confianza en lo que haces, supera tus miedos a hacerte público y no te desanimes si ves que al principio las cosas no van resultando como lo has pensado. Con dedicación y tenacidad, lo conseguirás.

Como escritor, tienes mucho que contar, conocimientos que compartir y contenidos valiosos que aportar. No lo olvides.

Marketing que no sirve

Lo he probado todo, cuando digo todo, es todo. Durante años me he dedicado a experimentar con todos los instrumentos de marketing para escritores que existen. He gastado mucho tiempo y dinero en ello. He trabajado con cientos de autores, he leído casi todo lo que se ha escrito sobre el tema. Creo que tengo la experiencia y los conocimientos necesarios para aconsejarte.

Puedes no creerme si quieres, no obstante, si lo experimentas por ti mismo, verás que tengo razón. Lo que te voy a decir a continuación quizá te resulte chocante y es posible que te haga replantearte algunas de tus ideas preconcebidas. Sin embargo, si me haces caso, te vas a ahorrar mucho tiempo y dinero. Ojalá alguien me hubiera dicho con tanta claridad lo que te voy a explicar a continuación.

Facebook Ads, Google Ads y Amazon Ads no sirven para vender libros. Quizá sí funcionen si eres Zara o Coca Cola, pero para nosotros, escritores independientes, no son herramientas útiles, y, si inviertes tu dinero en ellas, lo único que vas a conseguir, con casi total seguridad, es tirarlo a la basura.

Puede que pienses que aquí el problema es que yo no sé usarlas y que el gurú de turno sí te hará ganar millones de euros con tu libro si le haces caso. Te diré que he hecho muchos, muchos anuncios en estas plataformas. Me he formado con los mejores cursos que hay de los supuestos mejores especialistas que se pueden encontrar. He gastado mucho dinero en anuncios y formación. He contratado a expertos que habían trabajado en Google Ads. Y siempre, siempre, el resultado ha sido negativo. Si quieres regalarle tu dinero a Facebook, Google y Amazon, estás en tu derecho a hacerlo. Pero ya estás advertido.

Aquí hay que hacer algunas puntualizaciones importantes. Es posible que hace un par de años estas plataformas dieran buenos resultados. Había menos competencia y las subastas eran más económicas. Pero ahora, cuando escribo estas líneas, te puedo asegurar que esto ya no es así.

Facebook es útil si quieres difundir tu libro gratis. Ese es un servicio que nosotros ofrecemos. Puede ayudarte a promocionar tu contenido, por ejemplo, una publicación de tu blog. También es útil si quieres regalar algo para aumentar tu lista de correo. Sin embargo, no sirve para vender tu libro a un público que no te conoce.

Google Ads es la mejor forma que puedes encontrar para tirar tu dinero a la basura. Si no me crees, inténtalo. Cuando veas el número de ejemplares vendidos (seguramente 0) y el dinero que has gastado, me darás la razón.

Muchas personas nos han escrito pidiéndonos que les hiciéramos un anuncio de su libro en Amazon Ads. Podríamos ganar mucho dinero creando estos anuncios para nuestros clientes o vendiendo algún curso fraude que prometiese el éxito literario gracias a Amazon Ads.

He estudiado mucho esta plataforma. He hecho anuncios para todo tipo de libros de géneros muy diferentes. Después de dedicarle mucho, mucho tiempo, te puedo decir que para el 99,99 % no sirve y que, si creas una campaña, lo más probable es que malgastes tu dinero.

Mi obsesión es la satisfacción de mis clientes. Por esa razón me niego en redondo a crear campañas de marketing en estas plataformas si no estoy totalmente seguro de que mis autores van a quedar satisfechos. No hagas caso a los cantos de sirena y a falsos gurús que te prometen el éxito fácil. Si esto fuera tan sencillo como contratar un anuncio, todo el mundo sería un escritor multimillonario.

Otra cosa que no sirve y que les encanta a muchos autores es la famosa Feria del Libro. Muchas empresas de nuestra competencia se publicitan diciendo que te llevarán a esa feria. Entiendo que te pueda hacer ilusión, pero si lo que quieres es vender, y de eso hablamos aquí, te puedo decir que no sirve para nada. La Feria del Libro está muy bien si eres Arturo Pérez Reverte o Megan Maxwell. Para nosotros es una pérdida miserable de tiempo y dinero.

Si vives en una ciudad donde no se hace la feria y te tienes que desplazar para asistir pagándote el viaje de tu bolsillo, vas a perder mucho dinero. Nadie va a comprar tu libro porque estés sentado en una caseta de una editorial de autoedición cuando al lado está Ken Follett. Y no me sirve que tus amigos y familiares vayan allí a que les firmes el libro. Para eso podrías haber montado tu propia presentación (eso sí funciona) y quedar en una cafetería.

Las ferias del libro tenían sentido en la era preinternet. Siguen teniéndolo hoy en día para los autores famosos y la gran industria editorial tradicional. Es probable que Matilde Asensi no te conteste si le mandas un *email* (quizá sí alguien de su equipo o de la editorial). Sin embargo, puedes conseguir que te firme un ejemplar si esperas tres horas en una cola en la Feria del Libro de Madrid.

Muchos autores tienen en su cabeza ideas preconcebidas sobre lo que significa ser escritor y sobre cómo hacer marketing de su obra que están completamente obsoletas o que no sirven para su propósito de vender. Ven en la televisión todo ese despliegue de medios en la Feria del Libro y se imaginan a sí mismos sentados en una caseta con una larga cola de personas esperando horas y horas para que les firmen su libro. Siento decirte que esta es una fantasía que no te va a ayudar.

Nunca he ido a una feria del libro porque valoro mucho mi tiempo. Para mí sería muy fácil montar una caseta en Madrid o Barcelona y vender mis libros y los libros de los autores que publican con Editorial Letra Minúscula. Y nunca lo he hecho porque sé que no voy a vender casi nada, porque allí no está mi audiencia, porque toda esa gente que pasea de un lado a otro no me conoce, no tengo ninguna clase de conexión con ellos y, por lo tanto, no vale la pena malgastar mi tiempo.

A pesar de ello, he vendido muchos más libros que el 99 % de los autores que se tiran horas y horas sentados en alguna caseta esperando en balde que algún lector despistado compre su libro en la feria. ¿No me crees? Habla con algún autor independiente que haya ido y pregúntale cuántos libros ha vendido. ¿Has ido tú? ¿Cuántos ejemplares has vendido (no me sirve a tus amigos y familiares)? ¿Tengo o no tengo razón?

Otra de las mejores formas que puedes encontrar para perder tu tiempo son los concursos literarios. Este es un clásico. Es la solución mágica, fácil, rápida y, sobre todo, ¡gratis! Estas son las palabras que les encanta oír a la mayoría de las personas: fácil, rápido y gratis. Te presentas a un concurso, por ejemplo, el premio literario de Amazon, y, si lo ganas, ya está todo resuelto. Ellos se encargan de todo, venden tu libro a millares y te limitas a cobrar tu cheque y a sonreír en las fotos.

Siento decirte que querer ser un escritor de éxito con un premio literario es lo mismo que querer ser rico con la lotería. Puedes pasar, pero es muy improbable. «¡A alguien le toca!», puedes decirme. Sí, es cierto, a alguien le toca, pero lo más probable es que no sea a ti, porque la estadística juega en tu contra.

Los premios literarios normalmente solo se dan a autores que ya son conocidos, que han hecho un trabajo de construcción de su audiencia durante años y que tienen un gran potencial de ventas. Las editoriales lo que quieren es ganar dinero y, por lo tanto, quieren apostar por autores que ya hayan demostrado que pueden generar muchas ventas de sus libros.

«Pero, Roberto, si todo esto no sirve, ¿entonces qué sirve?», puedes preguntarte con razón. Te lo he dicho a lo largo de este libro. El marketing de contenidos (sobre todo en vídeo), el *email* marketing y el uso de *microinfluencers* que te presten su audiencia para una acción concreta.

Lo que funciona es crear una audiencia aportándoles un valor real y auténtico. Algo que no se hace en un día ni en un mes. Es un trabajo de años al que hay que dedicar mucho tiempo y esfuerzo. No existen los atajos. No hay ningún gurú (yo tampoco) que pueda hacer ese trabajo por ti, porque tú eres la persona que mejor conoce a tu audiencia y que más puede aportarles.

No hay ningún anuncio mágico, curso con algún secreto que te van a revelar por 400 euros, ni premio, ni feria ni nada parecido. Lo que sirve es lo que siempre ha servido, lo de toda la vida, lo que sirve para vender libros, pero también para tener éxito en cualquier otro ámbito de la vida: trabajo constante y bien hecho, paciencia y perseverancia. No es fácil, ni rápido ni gratis. No estoy aquí para alegrarte el día ni venderte el último truco secreto que nadie más conoce. Lo que te digo es esto: haz mejor la vida de tu audiencia y entonces venderás muchos libros y lograrás el éxito como escritor que tanto deseas.

www.ingramcontent.com/pod-product-compliance
Lightning Source LLC
LaVergne TN
LVHW040219180726